铁凤风鸣

——辽金东京地区文物

北京辽金城垣博物馆 编

北京联合出版公司
Beijing United Publishing Co.,Ltd.

图书在版编目（CIP）数据

铁凤风鸣：辽金东京地区文物 / 北京辽金城垣博物馆编 .
-- 北京：北京联合出版公司，2018.12
ISBN 978-7-5596-2758-2

Ⅰ.①铁… Ⅱ.①北… Ⅲ.①出土文物－辽宁－辽金时代
－图录 Ⅳ.① K873.310.2

中国版本图书馆 CIP 数据核字 (2018) 第 243813 号

编委会

主　　编：王清林
执行主编：杨世敏
副 主 编：李声能　王学东　张连兴
编　　委：陈晓敏　李 影　王成科　王 群　袁 婧　张恩宇　张少文
器物说明：井肖冰　李晓丽　林 栋　王 丽　王成科　王 喆　张恩宇
　　　　　张丽立　张正义　赵小刚
执行编校：袁 婧

铁凤风鸣——辽金东京地区文物

责任编辑：章懿
出版发行：北京联合出版有限责任公司 / 北京联合天畅发行公司
社　　址：北京市西城区德外大街 83 号楼 9 层
邮　　编：100088
电　　话：（010）64256863
印　　刷：北京富诚彩色印刷有限公司
开　　本：787mm×1092mm　1/16
字　　数：200 千字
印　　张：10.5
版　　次：2018 年 12 月第 1 版
印　　次：2018 年 12 月第 1 次印刷
ISBN 978-7-5596-2758-2
定　　价：268.00 元

文献分社出品

序 言

辽金两代皆实行五京制。据《辽史·地理志》记载，辽代行政区划大体上是道、府（州）、县三级。辽袭唐制，将全国分为5道，每道有一个政治中心，称为京，并以京的名称来命名道，合称五京道。金代行政区域实行路、府（州）、县三级管理，路为一级行政区。金采宋制，曾分境内为17路、20路，分别置于皇统二年(1142)和大定二十九年(1189)。东京道为辽代五京制度中东京辽阳府（今辽宁省辽阳市）所管辖的区域，东京路为金代五京制度中东京辽阳府所管辖的区域。

神册三年（918），辽太祖耶律阿保机率军占领辽阳，置辽阳府。翌年，在襄平老城的基础上，修葺辽阳故城，改为东平郡，设防御使，并"铸铁凤以镇之"，因称铁凤城，大大加强了辽阳城的地位，开始了辽朝对辽阳的实际统治与辽阳繁荣的开端。天显三年（928），辽太宗又将东丹国的都城连同民众一起迁到辽阳，同时称辽阳为南京，作为辽国的陪都。天显十三年（938），又将辽阳改称东京，同时还设置辽阳府，统称为东京辽阳府。公元1116年，金国攻克辽阳，金袭辽制，以辽阳为东京，仍为国之陪都。辽阳作为辽金五京之一，当时是东北地区重要的政治和军事中心，也是经济和文化中心。从当地及周边出土的文物中，可以看出辽金时期浓厚的民族特色，如江官屯的瓷器、高丽青瓷、铜镜、佛教经幢等器物，皆是这一时期的珍贵遗存。

辽金制瓷业承袭唐宋，技术和形制上受中原文化影响颇深，但仍有其民族特点和新的创造，其中以鸡冠壶最有代表性。鸡冠壶是仿照契丹人使用的盛水皮囊烧制的，上部都有穿系和环梁，非常便于携带，实用性较强。当时的瓷器已非马上系带的东西，但鸡冠壶上部的提系或环梁仍然没有去掉，保留着游猎生活的特点，这是和契丹族的生活习惯紧密相连的，同时也反映出他们的游牧生活。这一方面说明，契丹族是有创造性的民族；另一方面也说明，我国南北各族人民在物质文化生活上，是互相学习、互相补充、密切地联系在一起的。

位于辽阳地区的江官屯窑，作为辽金时期的大型窑址，是辽代的"五京七窑"之一。该窑址从废弃至今已有七八百年的时间了，但窑址基本保持完整，而且面积大，文化层厚，瓷片堆积丰富，是当时辽东京的主要瓷窑，对研究辽金时期陶瓷生产工艺、特点以及当时的生产生活方面都具有重要的意义。通过这些出土瓷器可以看出，江官屯窑的作品不仅有着浓郁的契丹族传统文化和草原生活气息，而且也受到中原文化和江南文化的影响，如器型的粗犷与均衡对称，风格的挺拔刚健与小巧生动，纹饰的泼辣酣畅与稚拙朴素，都折射出了辽海地区民族融合与文化渗透的品格和气质，体现出了江官屯窑古瓷鲜明的时代风格和美学特征。

在辽阳地区出土的高丽青瓷，是辽金这一时期中外文化艺术和技术交流的产物。高丽青瓷，是高丽王朝（918—1392）工艺美术的代表，它将中国唐宋先进的制瓷技术和装饰艺术融入高丽文化，在拿来主义的基础上改造重塑，形成了独特的文化体系，在世界陶瓷史上独树一帜。高丽青瓷与中国陶瓷的关系，远非只是业界熟知的越窑、汝窑、耀州窑等窑系渊源，如果加以专业、细致的比较研究，将会发现它在器制、纹饰、造型和工艺手法等方面，与更多的中国唐宋、辽金窑场有着千丝万缕的关联。它博采了众多中国窑场的工艺特色，并且将各种不同元素"镶嵌"进青瓷里，熔于一炉。宋人曾对高丽瓷不吝赞誉，宋朝也进口不少，足见高丽青瓷的水准之高。

辽金两代也是我国古代佛教发展的重要时期。迄今为止，辽代墓葬的发现已取得了重要成果，不仅数量众多，而且出土了丰富多彩的随葬器物。根据墓室的规模和随葬器物，可知墓主人均属于具有一定社会身份或拥有相当财富的官宦与地主阶层。而墓葬中各种带有佛教题刻的遗物和遗迹现象，在一定程度上是死者生前生活场景在地下空间的再现，反映出亡者生前的佛教信仰，以及死后希望借助佛教达到灵魂升天的愿望。在佛教题刻中，有《般若波罗蜜多心经》《金刚经》《佛顶尊胜陀罗尼经》及诸杂陀罗尼经咒。结合墓志记载，可以知道这些佛经在当时社会中广泛传播。而在这些题刻中，属于密宗的各种陀罗尼经咒占了绝大多数。密教经咒在盛唐以后广泛流行，其最常见的载体就是经幢，随着传播日广，信奉者大增，不仅其存在的空间由地上扩展至地下（即墓葬），并且物质载体的形式也发展得丰富多样，在佩饰、墓志、壁画、石棺、木棺等遗物上均可见。这种状况是密宗信仰在辽代社会广泛盛行的一种真实表现和反映。以墓葬为对象，考察佛教信仰的传播状况，也是研究佛教文化的重要课题。辽金时期的佛造像风格虽承袭北宋，但也体现出北方民族的浑朴作风。

"铁凤凰鸣——辽金东京地区文物展"精选了153件（套）东京道（路）中辽阳、沈阳两地以及周边出土的辽金文物，旨在多方面展现辽金东京道（路）地区的生活。虽然在有限的展览空间内不能面面俱到，但从中可以管窥到辽、金这两个少数民族政权的风采。展览以歌颂中华民族大家庭、弘扬中华民族传统文化为宗旨，是集观赏性、知识性、学术性于一体的展览。观众直观辽金历史，感受到北方民族固有的文化特色，同时也领略到其与中原地区文化交流、民族融合和共同发展的辉煌一面。

北京辽金城垣博物馆馆长　王清林

目 录

第一章　　　　　　辽白釉花口碟　　　　　　　003
居常瓷韵　　　　　辽白釉模印对蝶纹方碟　　　003
001　　　　　　　金白釉褐彩碟　　　　　　　004
　　　　　　　　金白釉褐彩碟　　　　　　　004
　　　　　　　　辽白釉褐彩碗　　　　　　　005
　　　　　　　　金白釉划花大碗　　　　　　005
　　　　　　　　辽三彩花卉盘　　　　　　　006
　　　　　　　　金褐釉碗　　　　　　　　　006
　　　　　　　　金酱釉盘　　　　　　　　　007
　　　　　　　　金黑釉碟　　　　　　　　　007
　　　　　　　　辽白釉碗　　　　　　　　　008
　　　　　　　　金白釉小碗　　　　　　　　008
　　　　　　　　辽白釉碗　　　　　　　　　009
　　　　　　　　辽白釉碟　　　　　　　　　009
　　　　　　　　金白釉碗　　　　　　　　　010
　　　　　　　　金白釉碗　　　　　　　　　010
　　　　　　　　金白釉高足小碗　　　　　　011
　　　　　　　　辽青白釉三连粉盒　　　　　011
　　　　　　　　辽青白釉莲瓣纹温碗　　　　012
　　　　　　　　金白釉杯　　　　　　　　　012
　　　　　　　　辽白釉黑花粉盒　　　　　　013
　　　　　　　　辽影青菊花瓣形印花粉盒　　013
　　　　　　　　辽白釉钵　　　　　　　　　014
　　　　　　　　金绿釉黑花罐　　　　　　　014
　　　　　　　　辽黄绿釉陶罐　　　　　　　015
　　　　　　　　辽黑褐釉罐　　　　　　　　015
　　　　　　　　辽白釉八棱鸡冠耳壶　　　　016
　　　　　　　　辽白釉雕牡丹纹三系六棱注壶　016
　　　　　　　　辽白釉盘口壶　　　　　　　017
　　　　　　　　金褐釉双耳壶　　　　　　　017

辽黄釉壶 018

辽黄釉鸡冠壶 018

辽白釉绿彩鸡冠壶 019

辽绿釉鸡冠壶 019

辽白釉剔刻牡丹纹长颈瓶 020

金白釉胆式瓶 020

辽黄釉长颈瓶 021

金白釉褐彩草叶纹玉壶春瓷瓶 021

金白釉褐彩玉壶春瓶 022

金茶色釉胆式瓶 022

辽酱釉鸡腿瓶 023

金黑釉双系瓶 023

金白釉褐彩双系瓶 024

金褐釉陶瓶 024

金白釉褐彩四系瓶 025

金白釉褐彩四系瓶 025

金褐釉四系瓶 026

辽黑陶盘口瓶 026

金茶叶末釉小罐 027

金褐釉罐 027

金白釉褐彩花卉纹罐 028

辽白釉剔花罐 028

金白釉褐彩花卉纹罐 029

金白釉褐彩龙凤纹罐 029

第二章
镜花水月
031

金海兽葡萄纹镜   033
金人物故事镜   034
金双龙纹镜   035
金双鱼纹镜   036
金双龙纹镜   037
金四神博局镜   038
金"家常富贵"连弧纹镜   039
金三龙纹镜   040
辽双凤花卉纹镜   041
金童子攀枝纹八角形镜   042
金双鱼纹镜   043
金双鱼纹镜   044
金"朱麻称心"铭镜   045
金海兽葡萄纹镜   046
金带柄人物故事镜   047
金西京官记双鱼镜   048
辽缠枝纹菱花形镜   048
金凤凰纹有柄镜   049
金风景人物镜   050
金"都右院官□"款双鱼纹镜   050
金四乳花鸟纹镜   051
金龟纽松鹤纹铜镜   051
辽弧线纹镜   052
辽海兽葡萄镜   052
辽连弧纹镜   053
金云亭纹镜   053
金葵形人物故事镜   054
金五童连钱镜   054

第三章　　　　　辽江官屯窑白釉骑马瓷人　　057
江官窑火　　　　辽江官屯窑白釉褐彩瓷马　　057
　　　　　　　　辽江官屯窑白釉褐彩羊　　　058
055　　　　　　　辽江官屯窑白釉褐彩俑　　　058
　　　　　　　　金江官屯窑瓷狗　　　　　　059
　　　　　　　　金江官屯窑黑釉兽首形瓷埙　059
　　　　　　　　金江官屯窑黑釉猪首形瓷埙　059
　　　　　　　　辽江官屯窑白釉碗　　　　　060
　　　　　　　　金江官屯窑白釉碗　　　　　060
　　　　　　　　金江官屯窑黑釉瓶　　　　　061
　　　　　　　　金江官屯窑黑釉玉壶春瓶　　061
　　　　　　　　金江官屯窑黑釉双系瓶　　　062
　　　　　　　　金江官屯窑黑釉双系瓶　　　062

第四章　　　　　辽石狮茵镇　　　　　　　　065
百工杂陈　　　　辽铜鬲　　　　　　　　　　066
　　　　　　　　金三兽足平底铁锅　　　　　066
063　　　　　　　金六耳铜釜　　　　　　　　067
　　　　　　　　金铜盆　　　　　　　　　　068
　　　　　　　　金铜盆　　　　　　　　　　068
　　　　　　　　辽铜车轮　　　　　　　　　069
　　　　　　　　辽石龟砚　　　　　　　　　069
　　　　　　　　辽铜鎏金兽首带扣头　　　　070
　　　　　　　　辽刻缠枝莲花铜鎏金带饰　　070
　　　　　　　　辽刻缠枝莲花铜鎏金带饰　　070
　　　　　　　　辽金手镯　　　　　　　　　071
　　　　　　　　金小铜人　　　　　　　　　072
　　　　　　　　辽琥珀猴子吊坠　　　　　　072

辽铜权   073

金铜钵   073

辽金棋子   074

辽玛瑙围棋子   074

辽金戒指   075

辽"清宁通宝"铜钱   075

辽银耳环   076

辽磨光扁体长方形骨饰件   076

辽玛瑙饰件   076

金银耳勺   077

金鱼尾式柄铜匙   077

金鱼尾式柄铜匙   077

金"女真鹿官户太保印"铜印   078

金"勾当公事龙字号之印"铜印   078

辽方斗形磨光石印   079

辽铜印   079

金筒瓦   080

辽兽面瓦当   080

辽兽面瓦当   081

金单柄细流八棱铁执壶   082

金八棱镂空四兽足铁炉   082

第五章　　　　　　金镶嵌绿松石金牌　　　　　　　　　　　　085

佛影纶音　　　　　金正隆六年（1161）通慧圆明大师塔铭拓片　086

083　　　　　　　　辽铁丝编海棠花形盏托　　　　　　　　　087

　　　　　　　　　金镶嵌绿松石金刚杵　　　　　　　　　　087

　　　　　　　　　辽玻璃佛珠　　　　　　　　　　　　　　087

　　　　　　　　　辽如来佛铜像　　　　　　　　　　　　　088

　　　　　　　　　辽辽阳白塔"白如梅"铁风铎　　　　　　088

　　　　　　　　　辽砖雕菩萨坐像　　　　　　　　　　　　089

　　　　　　　　　辽石经幢　　　　　　　　　　　　　　　090

　　　　　　　　　辽卷草纹铜风铃　　　　　　　　　　　　090

第六章　　　　　　辽蒺藜陶弹　　　　　　　　　　　　　　093

烽火硝烟　　　　　辽蒺藜陶弹　　　　　　　　　　　　　　093

091　　　　　　　　辽铁胄　　　　　　　　　　　　　　　　093

第七章　　　　　　13世纪高丽青瓷镶嵌菊花纹盖盒　　　　　097

高丽翠色　　　　　13世纪高丽青瓷镶嵌荔枝纹碗　　　　　097

095

北京房山灵鹫禅寺藏辽代碑刻考　　　　　　陈　龙　　　098

浅析辽代女性教育　　　　　　　　　　　　陈晓敏　　　105

小议辽国官吏选拔制度和民族发展关系　　　杜若铭　　　110

辽代佛塔中出土的金银器　　　　　　　　　李　影　　　115

山西南部地区金代墓葬浅析　　　　　　　　穆　洁　　　123

关于"诸弟之乱"的几点思考　　　　　　　王加册　　　130

辽金时期的十二生肖　　　　　　　　　　　王晓颖　　　136

稚子童趣 —— 江官屯窑出土的玩具瓷　　　袁　婧　　　141

金代铜镜文化浅析 —— 以北京辽金城垣博物馆

　　馆藏铜镜为例　　　　　　　　　　　　王莹莹　　　146

后　记　　　　　　　　　　　　　　　　　　　　　　151

第
一
章

居常瓷韵

　　制瓷业是辽金时期比较发达的手工业，因为辽金的陶瓷工匠很多是来自中原，所以当时烧造的陶瓷，大多是依照中原陶瓷器形制而烧造的，在技术上深受唐、五代和宋代的影响，但在造型和装饰上又有新的创造和具有其民族特点。在辽人使用的饮食和贮藏器中，除了中原传统的杯、碗、盘、碟、盒、盂、瓶、罐等器皿外，最具民族特色的是仿照契丹人的皮制或木制容器所烧造的陶瓷器，主要有鸡冠壶、长颈瓶、注壶、鸡腿瓶等。

辽白釉花口碟

口径 10.4 厘米　底径 6.4 厘米　高 1.9 厘米

辽宁省沈阳市法库县叶茂台 23 号辽墓出土。沈阳市文物考古研究所藏。

六瓣花口，平砂底。通体施白釉。

辽白釉模印对蝶纹方碟

口径 10.6 厘米　底径 7.8 厘米　通高 2.6 厘米

辽宁省沈阳市法库县叶茂台 23 号辽墓出土。沈阳市文物考古研究所藏。

方形花口，浅腹，斜壁，平底。通体施白釉。碟心模印一对飞蝶。

金白釉褐彩碟

口径 13 厘米　底径 6.7 厘米　高 2.9 厘米

辽宁省沈阳市沈阳故宫大清门前出土。沈阳故宫博物院藏。

敞口，弧形壁，圈足。胎质粗糙。内外施白釉，施釉不及底，釉面开片，并有铁锈斑痕迹及杂质。碟内壁绘褐色双圈纹，笔触接痕

处明显，内心有花押一处。

金白釉褐彩碟

口径 13 厘米　底径 6.7 厘米　高 2.9 厘米

辽宁省沈阳市沈阳故宫大清门前出土。沈阳故宫博物院藏。

敞口，弧形壁，圈足。胎色白而微黄。施白釉，釉色带黄，浑浊不透明。碟心饰褐彩双圈纹，双圈纹不连续及错位，碟心有褐彩描女真文押记。

辽白釉褐彩碗

口径 18 厘米　足径 6 厘米　高 8.3 厘米

辽宁省沈阳市中医研究所出土。沈阳故宫博物院藏。

敞口，圆唇，斜直壁，矮圈足。器身内外施白釉，施釉不及底，釉下施化妆土。碗内褐彩描双圈纹，中心有褐彩花押一处。

金白釉划花大碗

口径 21 厘米　足径 6.5 厘米　高 7 厘米

北京文物店收购。沈阳故宫博物院藏。

敞口，弧腹，腹下渐收，圈足。外施白釉，施釉不及底，釉下施化妆土。碗内壁以一道弦纹做圆形开光，开光内饰篦纹锦地荷花纹。

此碗用色清丽，纹饰疏密有致，充满生机。

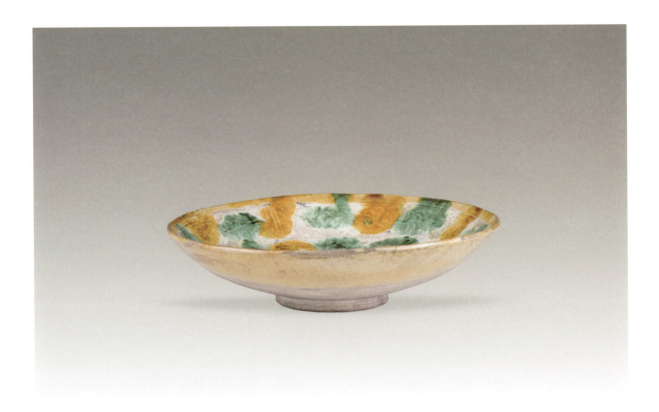

辽三彩花卉盘

口径 22 厘米　足径 7.9 厘米　高 5 厘米

北京市收购。沈阳故宫博物院藏。

敞口，浅腹，圈足，内有 3 个支钉痕。外壁及口沿施黄釉，在器物内壁模印花卉纹，其上施黄、绿、白三色釉。

金褐釉碗

口径 17.3 厘米　圈足高 1.1 厘米　底径 6.5 厘米　高 5.7 厘米

辽宁省沈阳市铁西艳粉屯出土。沈阳故宫博物院藏。

敞口，圈足，胎质粗糙。外施半截褐色釉，施釉不及底，有流釉现象。

金酱釉盘

口径 17.4 厘米　足径 6.2 厘米　高 4.5 厘米

辽宁省沈阳市东陵区后寨乡出土。沈阳故宫博物院藏。

敞口，浅腹，圈足。

金黑釉碟

口径 14.3 厘米　底径 6.5 厘米　高 3.5 厘米

辽宁省辽阳市南庄 1 号墓出土。辽阳博物馆藏。

敞口，浅腹，圈足。施里釉，碟内半釉，外挂半釉。

辽白釉碗

口径 11 厘米　底径 3.5 厘米　高 4.3 厘米

沈阳故宫博物院藏。

侈口，深腹，圈足。胎体较薄。通体施白釉，釉色白中泛黄，素妆淡雅而又不失古拙大体。碗内底有三个支钉痕迹。

金白釉小碗

口径 10 厘米　底径 3 厘米　高 4.6 厘米

辽宁省沈阳市东陵区浑河站乡出土。沈阳故宫博物院藏。

敛口，深腹，圈足。外施白釉，施釉不及底。

辽白釉碗

口径 20.5 厘米　圈足高 0.4 厘米　底径 7.6 厘米　高 7 厘米

辽宁省沈阳市马官桥出土。沈阳故宫博物院藏。

敞口，弧腹，浅圈足。胎质较粗糙。碗内外施白釉，施釉不及底，釉色白中泛黄。

辽白釉碟

口径 10 厘米　底径 4 厘米　高 2.9 厘米

辽宁省沈阳市沈阳药学院出土。沈阳故宫博物院藏。

敞口，弧腹，浅圈足。胎质粗糙，胎体较厚。外施白釉，釉面不甚光亮有黑点，有流釉现象，做工不甚规整。

金白釉碗

口径 17 厘米　底径 6 厘米　高 7.6 厘米

辽宁省辽阳黄泥洼乡中泗河村收购。辽阳博物馆藏。

敞口，斜壁，凹底。施白釉，外壁施釉不及底。碗内双圈中绘褐彩纹饰。

金白釉碗

口径 18 厘米　底径 7.1 厘米　高 7.9 厘米

辽宁省辽阳黄泥洼乡中泗河村收购。辽阳博物馆藏。

敞口，斜壁，凹底。施白釉，外壁施釉不及底。碗内单圈中绘褐彩纹饰。

金白釉高足小碗

口径 7.4 厘米　足径 3.1 厘米　高 8.1 厘米

北京文物店收购。沈阳故宫博物院藏。

侈口，深腹，高足外撇。碗内外皆施白釉，高足饰黑釉，底部胎厚，无釉，脐底，有乳钉状突起。此碗造型较小，器形规整。

辽青白釉三连粉盒

小盒口径 4—4.4 厘米　最大腹径 5 厘米　底径 2.2—2.4 厘米　高 5 厘米

辽宁省沈阳市法库县叶茂台 23 号辽墓出土。沈阳市文物考古研究所藏。

由三个小圆盒相连而成，弧壁，平砂底，盖亦相连，上堆雕缠枝莲花，纽为含苞未放的花骨朵，每盒莲花上亦有花骨朵。通体施白釉，
为辽代白瓷精品。

辽青白釉莲瓣纹温碗

口径 13.4 厘米　底径 8.3 厘米　高 8.2 厘米

辽宁省沈阳市法库县叶茂台 23 号辽墓出土。沈阳市文物考古研究所藏。

直口，深腹，高圈足外侈，碗外壁刻三重莲瓣纹，釉面有泪痕。

金白釉杯

口径 7.1 厘米　高 5.1 厘米

辽宁省辽阳市小屯镇小漩村征集。辽阳博物馆藏。

直壁，矮圈足。器身施白釉，内壁全釉，外壁施釉不及底。

辽白釉黑花粉盒

盖高 3 厘米　盘高 4.5 厘米　口径 14.8 厘米　底径 8 厘米　高 7.2 厘米

辽宁省沈阳市新民公主屯乡辽滨塔地宫出土。沈阳市文物考古研究所藏。

扁圆形子母口，矮圈足。盖上有黑褐色点彩，通体施乳白釉。

辽影青菊花瓣形印花粉盒

直径 7.8 厘米　底径 4.9 厘米　高 4.3 厘米

辽宁省沈阳市新民公主屯乡辽滨塔中宫出土。沈阳市文物考古研究所藏。

菊花瓣形，子母口，盖印珍珠牡丹，底凹无釉，印阳文行楷"段家盒子记"五字。

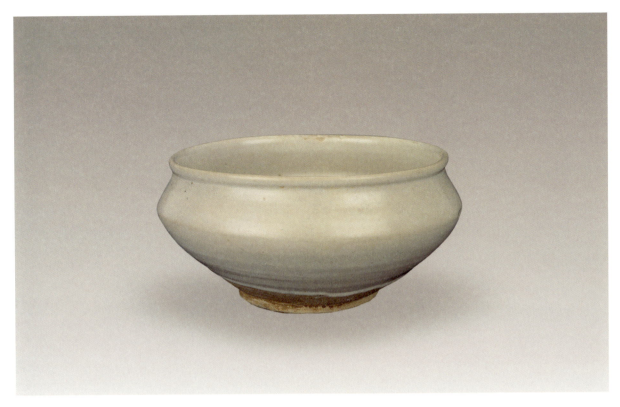

辽白釉钵

口径 19.5 厘米　足径 10.2 厘米　高 10 厘米

辽宁省沈阳市法库县大孤家子乡李贝堡村辽墓出土。沈阳市文物考古研究所藏。

敛口，圆唇，折腹，圈足。外施白釉，施釉不及底。

金绿釉黑花罐

口径 9 厘米　腹径 16 厘米　足径 7 厘米　高 12.4 厘米

辽宁省沈阳市收购。沈阳故宫博物院藏。

敛口，短颈，丰肩，腹部斜收，圈足。通体施绿釉，釉下施化妆土，颈部及肩部以墨彩绘双弦纹一周，中间有墨彩点状纹，腹部墨

彩绘变形植物纹，足部绘墨彩横纹一周，线条简洁有力，时代格调鲜明。

辽黄绿釉陶罐

口径 11.2 厘米　腹径 25.4 厘米　底径 16 厘米　高 27.5 厘米

辽宁省沈阳市奉集堡出土。沈阳故宫博物院藏。

侈口，短颈，溜肩，平底。器身内外均施半截红土色釉，釉下施化妆土，釉面不光润，器身光素无纹。

辽黑褐釉罐

腹径 42.9 厘米　高 48.5 厘米

辽宁省沈阳市奉集堡出土。沈阳故宫博物院藏。

侈口，溜肩，广腹，平底。通体施黑褐釉，瓮罐上部有一圆形小孔。为盛放骨灰的器物。

辽白釉八棱鸡冠耳壶

内口径 3.8 厘米　内底径 3.4 厘米　高 12.8 厘米

辽宁省沈阳市法库县叶茂台 23 号辽墓出土。沈阳市文物考古研究所藏。

八棱形，直口，平沿，颈肩之间饰对称四鸡冠状耳，耳中间有穿孔，卧足。器身施白釉，施釉不及底。

辽白釉雕牡丹纹三系六棱注壶

口径 12 厘米　最大腹径 10.4 厘米　底径 6 厘米　高 13.3 厘米

辽宁省沈阳市法库县叶茂台 23 号辽墓出土。沈阳市文物考古研究所藏。

六棱瓜形，提梁由一根主茎和两根支茎及三片瓜叶组成，肩部一侧有一八棱形短直流，宽圈足。通体施白釉。

辽白釉盘口壶

腹径 30 厘米　高 38 厘米

辽宁省沈阳市康平县张家窑林场长白山Ⅰ区墓群 3 号墓出土。沈阳市文物考古研究所藏。

盘口，长颈，溜肩，弧腹，平底。粗白瓷质地，火候较高。肩部上方饰两道凹弦纹。外施白釉不及底，釉下施化妆土。

金褐釉双耳壶

口径 4.3 厘米　底径 6.8 厘米　腹径 11.4 厘米　高 16 厘米

辽宁省沈阳地区出土。沈阳市文物考古研究所藏。

侈口，短颈，溜肩，垂腹，圈足，颈上置对称双耳，腹部饰数周弦纹。外施褐釉，施釉不及底。

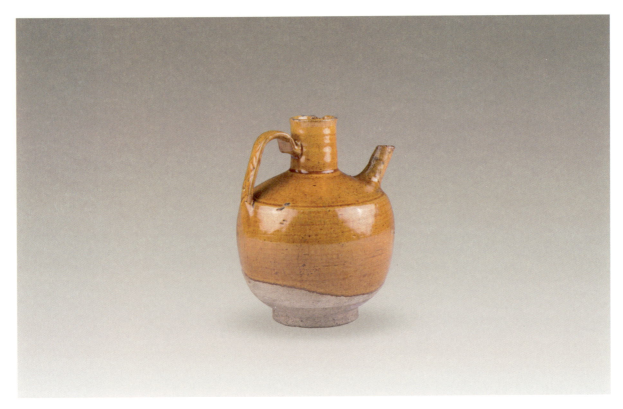

辽黄釉壶

腹径 12 厘米　足径 6 厘米　高 14.6 厘米

北京韵谷斋收购。沈阳故宫博物院藏。

直口，长颈，溜肩，曲腹，圈足，短直流，扁平花卉纹执手。外施黄釉，施釉不及底，釉色光亮，釉下施化妆土。

辽黄釉鸡冠壶

宽 10.8 厘米　底径 7.1 厘米　高 31 厘米

辽宁省沈阳市文物店收购。沈阳故宫博物院藏。

敞口，鸡冠状高提梁，斜弧腹，圈足外撇。外施半截黄釉，釉下施化妆土，釉色光亮。

辽白釉绿彩鸡冠壶

口径 4 厘米　宽腹径 20.1 厘米　底径 10.2 厘米　高 40 厘米

辽宁省沈阳市法库县叶茂台 23 号辽墓出土。沈阳市文物考古研究所藏。

敞口，环梁，扁圆腹，圈足。施白釉不及底，腹两侧饰环形绿色仿皮囊凸棱及竖条棱线。

辽绿釉鸡冠壶

宽 19.6 厘米　底长径 6.4 厘米　直径 7.2 厘米　高 34 厘米

辽宁省沈阳市法库县五台子秋皮沟村辽墓出土。沈阳市文物考古研究所藏。

扁圆体，双孔，孔后骑坐双猴，敞口，短颈，宝顶盖纽，椭圆形底。外施绿釉，壶身两侧及四边皆有仿皮囊凸棱，并刻划莲花及卷草纹。

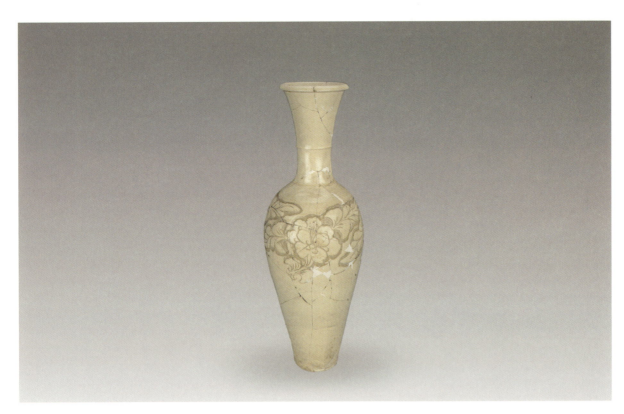

辽白釉剔刻牡丹纹长颈瓶

口径 10.8 厘米　底径 9 厘米　腹径 18.6 厘米　高 52.8 厘米

辽宁省沈阳市法库县叶茂台 23 号辽墓出土。沈阳市文物考古研究所藏。

侈口，长束颈，溜肩，斜腹，平底。通体施白釉，颈部饰一周凸弦纹，肩及腹部饰剔花折枝牡丹纹。

金白釉胆式瓶

口径 6 厘米　底径 9.5 厘米

辽宁省沈阳市辽中县鸭厂出土。沈阳市文物考古研究所藏。

侈口，长颈，溜肩，垂腹，圈足。腹部饰弦纹。外施白釉，施釉不及底。

辽黄釉长颈瓶

口径 8 厘米　足径 7 厘米　高 30 厘米

沈阳故宫博物院藏。

喇叭口，细长颈，溜肩，长弧腹，圈足。颈中部及肩部饰一周、颈下部饰两周弦纹。外施黄釉，施多半截釉，釉内隐现深色点状斑纹，
有下淌痕迹。整体造型美观大方。

金白釉褐彩草叶纹玉壶春瓷瓶

口径 4.7 厘米　底径 5.8 厘米　腹径 17.5 厘米　高 28.7 厘米

辽宁省辽阳市弓长岭出土。辽阳博物馆藏。

侈口，束颈，垂腹，圈足。通体施白釉，近底足部无釉，腹部绘褐彩简笔兰花。

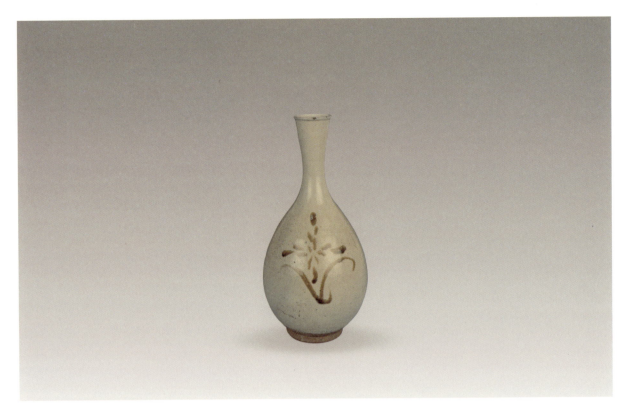

金白釉褐彩玉壶春瓶

口径 6 厘米　底径 9.8 厘米　高 35.2 厘米

辽宁省沈阳市辽中县鸭厂出土。沈阳市文物考古研究所藏。

侈口，长束颈，溜肩，圈足，弧腹。通体施白釉，腹身饰简洁褐色萱草花卉。

金茶色釉胆式瓶

口径 5.8 厘米　底径 9.06 厘米

辽宁省沈阳市沈阳新民向阳公社牛营子出土。沈阳市文物考古研究所藏。

侈口，长颈，溜肩，垂腹，圈足。颈部饰有几道凸弦纹，除底部外，通体施黑褐色釉。

辽酱釉鸡腿瓶

腹径 20 厘米　高 45 厘米

辽宁省沈阳市康平县张家窑林场长白山 I 区墓群 3 号墓出土。沈阳市文物考古研究所藏。

共两件，尺寸基本相同，釉色深浅有所差别，保存基本完整。小口，圆唇，溜肩，弧腹，平底。釉陶材质，通体施釉，胎壁较薄。

总体形态较胖，呈现出辽代早期鸡腿瓶形态特征。

金黑釉双系瓶

口径 3.7 厘米　底径 6 厘米　通高 7.5 厘米

辽宁省辽阳市水泉乡杨木村 1 号墓出土。辽阳博物馆藏。

侈口，卷唇，束颈，肩部有双耳，垂鼓腹。外施黑釉，施釉不及底，器身有暗痕。

金白釉褐彩双系瓶

口径 4.5 厘米　腹径 16 厘米　足径 10 厘米　高 25 厘米

江苏省扬州市文物店收购。沈阳故宫博物院藏。

小口，短束颈，溜肩，弧腹，浅圈足，足微向外撇。颈两侧对称各置一系。肩部及腹下部均有双弦纹。外施白釉，釉色微泛黄，施

釉至下腹部。腹部釉下绘褐彩卷草纹，笔触自然流畅，笔意简练。

金褐釉陶瓶

口径 7.3 厘米　腹径 11.8 厘米　底径 5.8 厘米　高 16.2 厘米

辽宁省沈阳市沈阳故宫院内西七间楼南地下二米处出土。沈阳故宫博物院藏。

侈口，束颈，溜肩，鼓腹，小平底内凹。外施褐色釉，施釉不及底，釉下施化妆土。通体饰弦纹。

金白釉褐彩四系瓶

腹径 15.5 厘米　高 27.3 厘米

辽宁省沈阳地区出土。沈阳市文物考古研究所藏。

侈口，束颈，溜肩，弧腹，圈足。颈肩间饰四桥形系，腹部绘鱼鸟纹。瓶身施两种颜色釉，上部白釉，下部褐釉。

金白釉褐彩四系瓶

口径 5.8 厘米　底径 9.5 厘米　腹径 17.1 厘米　高 27.8 厘米

辽宁省沈阳市东陵辉山苗圃出土。沈阳市文物考古研究所藏。

侈口，圆唇，唇部加厚，短直颈，溜肩，颈肩之间贴附四竖桥状系，鼓腹，圈足。褐色缸胎，口沿及外腹部施灰白色釉，施釉不及底，釉上用褐色釉在肩部对称绘 "C" 纹，在上腹部和下腹部施两道条带纹，中腹部绘有花卉纹。

金褐釉四系瓶

口径 5.5 厘米　足径 8.5 厘米　高 26.2 厘米

辽宁省沈阳市东陵区浑河站乡出土。沈阳故宫博物院藏。

侈口，短颈，溜肩，腹体浑圆，圈足，肩上置四系，腹下部有一洞。红胎，胎质粗糙。外施褐釉，釉色不匀。

辽黑陶盘口瓶

口径 7.9 厘米　足径 8.1 厘米　高 24.7 厘米

辽宁省沈阳市惠工广场防爆灯厂出土。沈阳故宫博物院藏。

侈口，长束颈，溜肩，鼓腹，圈足。

金茶叶末釉小罐

口径 4.4 厘米　底径 4 厘米　腹径 7 厘米　高 7.8 厘米

征集。沈阳市文物考古研究所藏。

口部微残，尖圆唇，敛口，鼓腹，上腹部有明显两个折棱，圈足。黄白色缸胎，外施茶末绿釉，釉不及底。

金褐釉罐

口径 9 厘米　足径 8.8 厘米　高 12.9 厘米

辽宁省沈阳市东陵区前进乡万花村出土。沈阳故宫博物院藏。

圆唇，短颈，宽肩，圈足。外施褐色釉，施釉不及底，釉面完整并带有自然开片。

金白釉褐彩花卉纹罐

口径 9.8 厘米　足径 7.2 厘米　高 11.6 厘米

辽宁省沈阳市苏家屯姚千乡后石山谷村出土。沈阳故宫博物院藏。

直口，宽肩，圈足。通体施灰白色釉，颈部以褐彩绘制多道弦纹及乳钉纹，腹部绘褐彩花卉纹。

辽白釉剔花罐

口径 19.5 厘米　腹径 33.5 厘米　足径 17.4 厘米　高 38.2 厘米

辽宁省沈阳市文物店收购。沈阳故宫博物院藏。

圆唇，短颈，圆腹，平底。胎体粗厚而坚硬。肩部两道弦纹间划刻水波纹一周。通体施白釉，釉下施化妆土，腹部以黑釉剔划缠枝

叶纹装饰。此罐造型饱满端正，花纹繁密，生机盎然。

金白釉褐彩花卉纹罐

口径 9 厘米　足径 8.8 厘米　高 12.9 厘米

沈阳故宫博物院藏。

直口，宽肩，圈足。通体施灰白色釉，颈部以褐彩绘制多道弦纹及乳钉纹，腹部绘褐彩花卉纹。

金白釉褐彩龙凤纹罐

口径 18.3 厘米　底径 11.7 厘米　高 27.8 厘米

沈阳故宫博物院藏。

直口，宽肩，圆腹，圈足。通体施灰白色釉，肩部及腹部以褐彩绘花草纹、弦纹、云龙纹图案。

第
二
章

镜花水月

公元 12 世纪初，崛起于白山黑水之间的女真族，在我国东北建立了金朝，后以武力灭辽和北宋，与南宋政权相对峙。金朝建立后，随着经济、军事的发展及对中原王朝的征战，女真人的文化也相应有了迅速的提高。尤其是金海陵王（完颜亮）迁都燕京之后，高度发展的中原文化对北方女真文化的发展起到了极大的推动作用。随着近年来考古与文物征集工作的深入，金代铜镜以其独特的视角展现在人们面前。在铜镜的制作及纹饰上，一方面，金代出现了许多仿汉、唐、宋的铜镜；另一方面，制作出了大量具有本民族特色的铜镜。作为饰面照容用具的金代铜镜，凝聚了工匠的智慧与汗水，体现了金代女真人的高度智慧。

金海兽葡萄纹镜

直径 19.2 厘米　厚 1.6 厘米

辽宁省辽阳市废品收购站收集。辽阳博物馆藏。

圆形，伏兽纽。此铜镜厚重，以高浮雕葡萄纹、海兽纹为主题纹饰，华丽而繁缛，其构图方式以高直的窄线单圈将其分为内区和外

区，内区饰海兽纹，外区饰葡萄纹。镜外缘为立墙式卷边，卷边内饰一周连珠纹。

金人物故事镜

直径 13.1 厘米　厚 0.5 厘米

辽宁省辽阳市早饭屯出土。辽阳博物馆藏。

圆形，半圆纽。镜背人物故事纹饰，图案为上部左边围栏内有一棵芭蕉树，右边有一棵梅花树。梅花树下一人物似吹笛状，芭蕉树

下一人物手捧琴，此人物两边各有一童子。窄缘，缘上铭文辨识不清。

金双龙纹镜

直径 18.4 厘米　厚 0.6 厘米

1989 年 10 月维修辽阳白塔时从塔上取下。辽阳博物馆藏。

圆形，圆纽。边区凸雕海水纹，内区雕双龙纹，龙呈上下翻滚状。素缘。

金双鱼纹镜

直径 18.7 厘米　厚 0.5 厘米

1989 年维修辽阳白塔时从白塔上取下。辽阳博物馆藏。

圆形，半圆纽。纽外浮雕两条肥美的鲤鱼，相互追逐，同向洄游，逐浪于水波之中。宽缘。

金双龙纹镜

直径 21.4 厘米　厚 0.4 厘米

辽宁省辽阳收集。辽阳博物馆藏。

圆形，半圆钮。内区二龙以镜钮为中心穿行于云朵之间，外区为窄纹带饰卷云纹，寓意飞龙在天。窄缘。两条云龙、一颗火珠。

金四神博局镜

直径 13 厘米　厚 0.7 厘米

辽宁省辽阳市太子河岸出土。辽阳博物馆藏。

圆形，圆形纽，柿蒂纹座。座外为弦纹方框。方格外四乳钉及博局纹区分的四方八区内，为青龙、白虎、朱雀、玄武四神兽，于方

格四角处两两相对，形态生动。宽素缘。

金 "家常富贵" 连弧纹镜

直径 15 厘米　厚 0.6 厘米

辽宁省辽阳市城西南小庄出土。辽阳博物馆藏。

圆形，半圆钮，花朵纹钮座。内区为单圈纹和连弧纹，外区四朵团花间铸 "家常富贵" 铭文。镜边缘饰连弧纹。

金三龙纹镜

直径 9.5 厘米

辽宁省沈阳市崇寿寺白塔出土。沈阳市文物考古研究所藏。

圆形，圆纽。镜面饰三条龙纹。

辽双凤花卉纹镜

直径 10 厘米　厚 0.4 厘米

辽宁省辽阳市隆昌乡得胜屯村 1 号墓出土。辽阳博物馆藏。

圆形，半圆纽。两圈连珠纹将纹饰分为内区和外区，内区双凤遨游在云朵之间，外区饰缠枝花卉葡萄纹。素缘。

金童子攀枝纹八角形镜

直径 11.3 厘米　厚 0.4 厘米

辽宁省辽阳市公安局院内出土。辽阳博物馆藏。

八角形，桥形纽。正八边形中内区饰童戏攀枝纹，四童子攀枝戏花，或仰或卧，同向环绕，嬉戏于花枝间。外区为窄纹带饰蝴蝶纹。

八角中的三角上阴刻"验记官"铭文。

金双鱼纹镜

直径 15 厘米　厚 0.8 厘米

辽宁省辽阳市兰家乡羊胡沟村征集。辽阳博物馆藏。

圆形，圆纽，圆纽座。纽外浮雕两条肥美的鲤鱼游荡在浪花之间，首尾相接，

造型生动逼真。宽素缘，缘上一处刻记为"西京官□"铭文。

金双鱼纹镜

直径 9.5 厘米　厚 0.5 厘米

辽宁省辽阳市废品收购站收集。辽阳博物馆藏。

圆形，半圆纽。纽外浮雕两条肥美的鲤鱼，造型生动逼真，首尾相接，同向洄游，

逐浪于清流之中。宽缘。

金 "朱麻称心" 铭镜

直径 9.3 厘米　厚 0.6 厘米

辽宁省辽阳市三道壕采集。辽阳博物馆藏。

圆形，桥形纽。镜内铸"朱麻称心"铭文。边缘饰锯齿纹和曲线纹。

金海兽葡萄纹镜

直径 9.2 厘米

辽宁省沈阳市海关罚没。沈阳故宫博物院藏。

圆形，圆纽。窄缘上卷。缘内侧及中部各有一道弦纹，将镜背分成内外两区。外区铸阳文楷书 26 字："承安三年上元日陕西东运司官造，

监造录事任（花押一），提控运史高（花押一）。" 内区在镜纽四周均匀分布四组海兽葡萄纹。

金带柄人物故事镜

长 17.8 厘米　直径 9.2 厘米　厚 0.6 厘米

辽宁省沈阳地区出土，沈阳市文物考古研究所藏。

圆形，直柄，镜背左侧一株芙蓉树，树下有三童子，一童蹲伏，二童站立，右侧一人身披飘带，手击拍板，素缘。

金西京官记双鱼镜

直径 15.5 厘米　缘厚 0.5 厘米

辽宁省沈阳市法库县四家子乡出土。沈阳市文物考古研究所藏。

圆形，圆纽，纽外二鲤鱼同向漫游，鱼周围饰水波纹。素宽缘。

辽缠枝纹菱花形镜

直径 25.7 厘米

收购。沈阳故宫博物院藏。

八瓣菱花形，中心铸圆纽，满饰双钩四组缠枝花卉。

金凤凰纹有柄镜

直径 14 厘米　厚 0.8 厘米　柄长 28.5 厘米

1989 年 10 月维修辽阳白塔时从塔上取下。辽阳博物馆藏。

此铜镜由镜身、镜柄两部分构成。镜身呈八瓣菱花形，镜背面浅雕凤和凰，在花丛间追逐嬉戏。镜柄浅雕莲花纹。造型朴素，纹样
生动，寓意吉祥。

金风景人物镜

直径 7.6 厘米

辽宁省沈阳市法库县文化馆出土。沈阳故宫博物院藏。

镜背面有三圈凸棱，将镜面分成三个区域。内饰人物、柳树、楼阁、草地纹。桥形纽。

金"都右院官□"款双鱼纹镜

直径 8.9 厘米　厚 0.6 厘米

辽宁省辽阳市麻屯乡出土。辽阳博物馆藏。

圆形，圆纽，纽外浮雕两条肥美的鲤鱼，鳞鳍清晰，造型生动逼真，首尾相接，同向洄游，逐浪于清流之中。宽缘，缘一侧划刻"都
右院官□"检验刻记及花押。

金四乳花鸟纹镜

直径 8.3 厘米　厚 0.6 厘米

辽宁省沈阳市崇寿寺白塔出土。沈阳市文物考古研究所藏。

圆形，小圆纽，宽素缘。镜背面饰四乳八禽。

金龟纽松鹤纹铜镜

直径 11.6 厘米　厚 1.5 厘米

征集。沈阳市文物考古研究所藏。

圆形，龟纽，三角窄素缘。镜背面饰双鹤、松竹、山石等纹饰。

辽弧线纹镜

直径 10.4 厘米　厚 0.4 厘米

辽宁省沈阳市崇寿寺白塔出土。沈阳市文物考古研究所藏。

圆形，圆纽，三角窄素缘。纽周为九瓣花纹，花边外为弧线纹。

辽海兽葡萄镜

直径 10 厘米

辽宁省沈阳市康平县张家窑林场长白山I区墓群2号墓出土。沈阳市文物考古研究所藏。

铜、锡、铅合金质，以铜为主，铅含量较高，表面呈铅灰色。背面纹饰整体呈中心对称，分内外两圈，内圈中心有一桥形纽，四周

有四只神兽，造型各异，周边有葡萄纹饰衬托。外圈同样有飞鸟、鱼等动物纹样，头部为瑞兽形象，周边搭配葡萄纹。总体特征属

于唐代风格，推测由唐代流传至辽代。

辽连弧纹镜

直径 14.9 厘米

沈阳故宫博物院藏。

圆形，圆纽，宽缘。内分二区。内区以纽周及镜背中央两道宽弦纹分隔为内外两区，内区饰四组变形柿蒂纹。外区饰八组连弧纹。

金云亭纹镜

直径 13.8 厘米　厚 3 厘米

辽宁省沈阳地区出土。沈阳市文物考古研究所藏。

圆形，圆纽，纽外高浮雕四亭内各坐一人抚琴，四亭间各饰一朵云纹，缘上有阴刻检验记"长泰县"及一花押。

金葵形人物故事镜

直径 14.7 厘米　厚 0.5 厘米

征集。沈阳市文物考古研究所藏。

八出葵花边形，圆纽，窄素缘。镜下方置河流、小桥，桥上以圆纽分左右两部分，右侧为一株树状，树下有一女子形象。左侧背景
为山峰，前有一男子形象，左手牵牛，右手似牵一孩童。据此推测该镜为牛郎织女故事镜。

金五童连钱镜

直径 12.5 厘米

辽宁省沈阳市铁西冶炼厂调拨。沈阳故宫博物院藏。

圆形，镜面光素，镜背中心处铸乳钉形纽座，周围铸五童连环穿钱图案。

第
三
章

江官窑火

江官屯窑址位于辽阳市小屯镇江官屯村，此地在辽代时属东京岩州，金代属石城县管辖。该窑址初建于辽代，金代达到全盛时期，元代时渐衰至废，窑场的范围很大，主要是以江官屯为中心，周边的燕州城、英守堡、钓水楼也都有窑址存在，是一处烧造时间长、规模宏大的古代瓷器民窑遗址。江官屯窑址的产品是以白釉粗瓷为主，白釉黑花和黑瓷较少，偶尔也烧造一些三彩器和琉璃建筑构件。白瓷器型多为杯、碗、盘、碟、瓶、罐等。此外还有一些小型人物和动物等玩具瓷，是辽金瓷器中十分有趣的一个部分。

辽江官屯窑白釉骑马瓷人

长 4.8 厘米　宽 2.6 厘米　高 5.5 厘米

辽宁省辽阳市江官屯收集。辽阳博物馆藏。

白釉，马上骑人，有底托。

辽江官屯窑白釉褐彩瓷马

长 6 厘米　宽 3.2 厘米　高 6.3 厘米

辽宁省辽阳市江官屯收集。辽阳博物馆藏。

白釉，腿无釉，用褐彩点画瓷马各部位。

辽江官屯窑白釉褐彩羊

长 5.5 厘米　宽 3 厘米　高 6 厘米

辽宁省辽阳市江官屯收集。辽阳博物馆藏。

白釉，用褐彩点眼，头顶部、身饰四处褐色铁锈花纹，釉面莹润。

辽江官屯窑白釉褐彩俑

长 2.8 厘米　宽 2.4 厘米　高 6.5 厘米

辽宁省辽阳市江官屯收集。辽阳博物馆藏。

白釉，用铁锈色点画俑身各部位，做拱手状。

金江官屯窑瓷狗

长 4 厘米　宽 2.3 厘米　高 3.8 厘米

辽宁省辽阳市江官屯出土。辽阳博物馆藏。

褐色瓷狗，坐式，挂红褐色化妆土。

金江官屯窑黑釉兽首形瓷坝

长 4.5 厘米　宽 4.5 厘米　高 4.2 厘米

辽宁省辽阳市江官屯收集。辽阳博物馆藏。

黑釉，施半釉，两耳耸立，似猪头状。

金江官屯窑黑釉猪首形瓷坝

长 3.8 厘米　宽 3.7 厘米　高 3.9 厘米

辽宁省辽阳市江官屯收集。辽阳博物馆藏。

黑釉，施半釉，双目圆睁，猪头状。

辽江官屯窑白釉碗

口径 23 厘米　底径 7.6 厘米　高 8 厘米

辽宁省辽阳市江官屯收集。辽阳博物馆藏。

敞口，斜壁，小圈足。内底四个支烧痕。外挂半釉。

金江官屯窑白釉碗

口径 24 厘米　底径 6.4 厘米　高 9 厘米

辽宁省辽阳市江官屯收集。辽阳博物馆藏。

敞口，浅腹，小圈足。碗内底一圈支烧痕

金江官屯窑黑釉瓶

口径 4.2 厘米　底径 5 厘米　腹径 10 厘米　高 9 厘米

辽宁省辽阳市辽纺新家族出土。辽阳博物馆藏。

侈口，短颈，圆溜肩，鼓腹，小平底内凹。外施黑釉，施釉不及底。

金江官屯窑黑釉玉壶春瓶

口径 3.5 厘米　底径 6.3 厘米　腹径 11 厘米　高 17 厘米

辽宁省辽阳市辽纺新家族出土。辽阳博物馆藏。

侈口，束颈，球腹。腹下半釉，圈足无釉。外施黑釉，有褐色斑纹。

金江官屯窑黑釉双系瓶

口径 3 厘米　底径 4 厘米　腹径 7.8 厘米　高 11 厘米

辽宁省辽阳市辽纺新家族出土。辽阳博物馆藏。

侈口，短束颈，溜肩，颈与肩部对称置双系，鼓腹饰弦纹，圈足。外施黑褐色釉，施釉不及底。

金江官屯窑黑釉双系瓶

口径 2.8 厘米　底径 5.5 厘米　腹径 8 厘米　高 12.5 厘米

辽宁省辽阳市文物收购站收购。辽阳博物馆藏。

侈口，圆唇，短颈，葫芦形腹，圈足，平底，颈与肩部对称置双系。外施黑釉，施釉不及底，颈部及腹部有凹凸弦纹。

百工杂陈

公元 928 年，辽太宗改辽阳为南京，作为辽国的陪都。公元
938 年，又将辽阳改称东京，同时还设置辽阳府，统称为东京辽
阳府。当时的辽阳规模宏大，周三十里，四面八门，设有南北二
市，早南市，晚北市，每天南北客商云集，市声鼎沸。公元 1116
年，金国攻克辽阳，金袭辽制，以辽阳为东京，仍为国之陪都。
同时又因金世宗的母亲贞懿皇后李氏出生于辽阳，以及金世宗登
基于辽阳，所以辽阳城不仅延续了辽时的繁华，而且处于一种非
常荣耀的地位。这一切都说明作为辽金五京之一的东京当时处在
东北地区的政治、军事、经济中心地位。辽阳是以汉族为主的多
民族共处地区，从出土的官印、建筑部件、生活器皿、服饰和货
币等文物中，足可以看出辽金时期东京的繁盛。

辽石狮茵镇

长约 19 厘米   宽 13 厘米   高 12 厘米

辽宁省沈阳市新民屯辽滨塔地宫出土。沈阳市文物考古研究所藏。

灰色细砂岩雕造，一对，形制相同，左右相向。狮体蜷曲伏卧在半圆形座上，狮首转向一侧，口唇涂有红色，双目为黑白两色，躯

体绿色，是辽代贵族室内起居生活的坐具必备品。

辽铜鬲

口径 17.3 厘米　腹径 17.8 厘米　高 12.2 厘米

辽宁省沈阳市收购。沈阳故宫博物院藏。

侈口，短束颈，圆腹，下有三足，足腹部竖向三出脊。其足上肥下削，中空。口、颈部素面无纹。上腹部饰三组饕餮纹，均以三出脊为对称。足部及裆部印竖向弦纹。

金三兽足平底铁锅

口径 45 厘米　底径 34 厘米　足 10 厘米　通高 17.5 厘米

辽宁省沈阳市新民法哈牛镇博龙武术学校院内出土。沈阳市文物考古研究所藏。

侈口，尖唇，内卷沿，浅折腹，平底略外凸，底部饰三个等距兽形足。

金六耳铜釜

口径 51.3 厘米　高 28.7 厘米

辽宁省辽阳市西大窑乡出土。辽阳博物馆藏。

敛口，折沿，深弧腹，圜底。腹中部凸出一周扁沿，上饰对称六个长方形錾耳。

金铜盆

口径 40.5 厘米　底径 20.7 厘米　高 9.5 厘米

辽宁省辽阳市兰家乡村东山南坡出土。辽阳博物馆藏。

侈口，平折沿，矮腹，圜底。内底饰弦纹。

金铜盆

口径 42.5 厘米　底径 23.8 厘米　高 9.3 厘米

辽宁省辽阳市沙岭出土。辽阳博物馆藏。

侈口，平折沿，直腹，圜底。内底刻四组弦纹。

辽铜车轮

直径 5.3 厘米

辽宁省沈阳市新民县大红旗乡长岗村出土。沈阳故宫博物院藏。

辽石龟砚

长 18.5 厘米　宽 18 厘米　高 8 厘米

辽宁省沈阳市新民屯辽滨塔地宫出土。沈阳市文物考古研究所藏。

浅绿色砂岩雕造。龟首高昂转向一侧，双目圆睁，颈部有三道弦纹，背横负簸箕形砚池，底部为椭圆形石板。

辽铜鎏金兽首带扣头

长 3.9 厘米　宽 2.8 厘米　高 1 厘米

辽代。辽宁省沈阳市法库县大孤家子乡李贝堡村辽墓出土。沈
阳市文物考古研究所藏。

椭圆形，錾刻浮雕兽面纹，兽口即"古眼"，为辽代蹀躞带上
的饰板。

辽刻缠枝莲花铜鎏金带饰

长 5.3 厘米　宽 3 厘米　厚 1.2 厘米

辽宁省沈阳市法库县李贝堡村辽墓出土。沈阳市文物考古研究
所藏。

通体鎏金，凸面为缠枝花纹，背平，四角铆钉。

辽刻缠枝莲花铜鎏金带饰

长 4.1 厘米　宽 2.4 厘米　厚 1.4 厘米

辽宁省沈阳市法库县李贝堡辽墓出土。沈阳市文物考古研究所
藏。

通体鎏金，凸面为缠枝花纹，背平，背处一侧有一长方形穿孔，
四角铆钉。

辽金手镯

直径 7 厘米

辽宁省沈阳市康平县张家窑林场长白山 I 区墓群 3 号墓出土。沈阳市文物考古研究所藏。

保存基本完整，手镯中间宽两边窄，正面中部压印成排的花朵纹饰，背景为鱼子纹，边缘有压边工艺装饰。出土时佩戴于墓主人左手腕部，右手腕部也佩戴有一鎏金手镯，质地与此镯不同。

金小铜人

身高 6.3 厘米　臂宽 4 厘米

辽宁省沈阳市东陵区五三乡营城子村第二红砖厂出土。沈阳市文物考古研究所藏。

人形，男性武士形象。

辽琥珀猴子吊坠

厚 2.5 厘米　高 3 厘米

辽宁省沈阳市康平县张家窑林场长白山I区墓群 2 号墓出土。沈阳市文物考古研究所藏。

由红色琥珀雕刻而成，蜷腿，坐姿，面部眼、耳、鼻等五官刻画清晰，猴子右手拇指放入口中，左手握住尾巴根部，尾部有残缺。

动作形态刻画生动活泼，惟妙惟肖。头部正上方向下有垂直穿孔，侧面耳部下方和腋下各有一道穿孔，用于穿线。同时发现一定数

量相同材质的小琥珀串珠，可穿成链，应与该猴子吊坠同属一套，现已破坏不全。

辽铜权

上部宽 3 厘米　下部宽 4.3 厘米

辽宁省沈阳市新民县大红旗乡长岗村出土。沈阳故宫博物院藏。

该铜权为青铜质铸造而成，是由权座、亚腰、权身、权纽四个部分组成。权纽上有一孔。整体为八棱经幢形。权底平，权身呈扁六棱体。在铜权正身的一面有阴刻的"南京"二字。权就是秤砣。权与秤杆、秤盘或秤钩组合成秤。

金铜钵

口径 17 厘米　底径 13.3 厘米　腹径 17.1 厘米　高 5.5 厘米

辽宁省辽阳市水泉乡杨木村 1 号墓出土。辽阳博物馆藏。

圆形直口，鼓腹平底。内底刻两组双弦纹，左侧有火补痕迹。

辽金棋子

围棋子直径 1.3—1.8 厘米　象棋子直径 2.5 厘米

辽宁省沈阳市沈阳故宫院内出土。沈阳市文物考古研究所藏。

围棋子 17 枚，其中黑子 2 枚，白子 15 枚，材质分瓷、石两种。象棋子 1 枚，瓷质，上书"車"字。

辽玛瑙围棋子

直径 1 厘米

辽宁省沈阳市康平县张家窑林场长白山 I 区墓群 2 号墓出土。沈阳市文物考古研究所藏。

共 6 枚，黑、白各 3 枚，玛瑙材质，白色围棋子透光度较好，黑色不透光。棋子表面打磨光滑，做工精细，用料考究，是辽代围棋子中的上品。

辽金戒指

长 2 厘米　直径 1.5 厘米

辽宁省沈阳市康平县张家窑林场长白山 I 区墓群 3 号墓出土。沈阳市文物考古研究所藏。

戒指正面为四瓣宝相花纹饰，侧面也有錾刻纹饰。金含量大约在 80%，总体用料较薄，为墓主人下葬时手指佩戴的明器。出土时此

墓主人双手手指满戴十枚戒指，质地和纹饰均有所差别。

辽"清宁通宝"铜钱

直径 1.8 厘米

辽宁省沈阳市崇寿寺白塔出土。沈阳市文物考古研究所藏。

辽银耳环

直径 0.9 厘米

辽宁省沈阳市奉集堡搜集。沈阳故宫博物院藏。

银质金属条直接做成，环内中空。辽代普通耳饰，出土数量较少。

辽磨光扁体长方形骨饰件

长 12.1 厘米　宽 1 厘米　厚 0.4 厘米

辽宁省沈阳市法库县李贝堡辽墓出土。沈阳市文物考古研究所藏。

扁体长方形，两边对称花棱，器体两面磨光，两端有小孔。

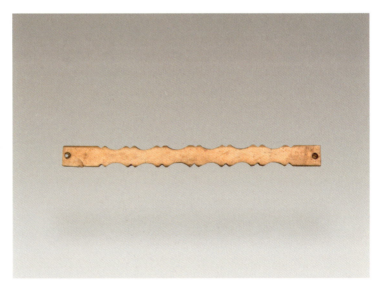

辽玛瑙饰件

长约 8 厘米

辽宁省沈阳市康平县张家窑林场长白山 I 区墓群 2 号墓出土。沈阳市文物考古研究所藏。

中部有个钻孔，末钻透，推测原有把手，钻孔直径约 0.6 厘米。玛瑙材质，总体形态似张开耳朵的扁猪首形，颜色以黄色为主，两耳部和头部带有偏红色俏色，制作工艺精美。

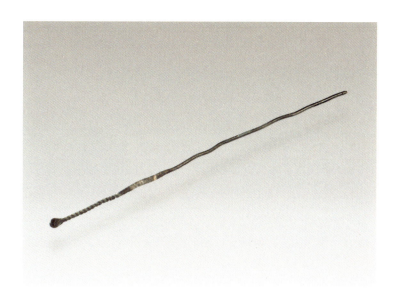

金银耳勺

长 16.4 厘米　截面径 0.3 厘米

辽宁省辽阳市三道壕砖室墓出土。辽阳博物馆藏。

银质，器身呈扁平柱，近耳勺处饰绳纹。

金鱼尾式柄铜匙

长 31 厘米　宽 3.3 厘米

辽宁省辽阳市三道壕 60 号墓出土。辽阳博物馆藏。

椭圆形匙头，燕尾式弯柄，尾端一圆形孔。

金鱼尾式柄铜匙

长 27.6 厘米　宽 3.7 厘米

辽宁省辽阳市北园 6 号墓出土。辽阳博物馆藏。

椭圆形匙头，燕尾式弯柄，尾端一圆形孔。

金"女真鹿官户太保印"铜印

长 5.4 厘米　宽 5.4 厘米　高 4.7 厘米

辽宁省辽阳市塔子岭乡出土。辽阳博物馆藏。

方形，印边缘有凸凹，背面不太规整。印文为铸刻九叠篆："女真鹿官户太保印"阳文。

金"勾当公事龙字号之印"铜印

长 5.5 厘米　宽 5.5 厘米　厚 2.3 厘米　高 5.5 厘米

辽宁省辽阳市甜水站城址出土。辽阳博物馆藏。

方形，板状纽，印台略呈梯形。印台三侧面分别錾刻"咸平应办所""龙字号九""至宁元年初三日造"款。印文为铸刻九叠篆：

"勾当公事龙字号"阳文。"勾当公事"即主管办理或处理某项公事之意。

辽方斗形磨光石印

印面长 3.9 厘米　宽 3.5 厘米　通高 2.9 厘米　纽高 1.5 厘米

辽宁省沈阳市法库县李贝堡辽墓出土。沈阳市文物考古研究所藏。

石印通体磨光，石质较软，印文经考证为汉字篆书"夫"字。

辽铜印

高 4.9 厘米　直径 3.8 厘米

辽宁省沈阳市新民县曙光公社出土。沈阳故宫博物院藏。

兽纽圆印，刻阳文"廝氏卍印"四字。

金筒瓦

长 34.7 厘米　宽 17.3 厘米　高 10.1 厘米

辽宁省沈阳市铁西艳粉屯出土。沈阳故宫博物院藏。

筒瓦素面，头部刻画沟线多道。

辽兽面瓦当

直径 16.8 厘米　高 3 厘米

辽宁省沈阳市铁西艳粉屯出土。沈阳故宫博物院藏。

瓦当中饰兽面纹，头顶立一角，两侧垂双耳。面目狰狞，船形大口，利齿锋牙密布。造型生动，有浮雕效果。兽面外饰一圈乳钉纹，

外围一周凸起的弦纹。有较宽的边轮。

辽兽面瓦当

直径 14.5 厘米　高 3.5 厘米

辽宁省沈阳市铁西艳粉屯出土。沈阳故宫博物院藏。

瓦当中饰兽面纹，面目狰狞，额头两侧有角，双眼圆睁，兽鼻硕大。兽面骨凸肉隆，有强烈的浮雕效果。船形口角处两只獠牙斜出，

须毛边髭浓密，团缕状卷曲，造型生动。有边轮。

金单柄细流八棱铁执壶

口径 6.8 厘米　底径 7.6 厘米　柄长 16.5 厘米　高 23 厘米

辽宁省沈阳市新民法哈牛镇博龙武术学校院内出土。沈阳市文物考古研究所藏。

八面瓜棱形，侈口，平唇，束颈，平底，肩部一面为细长弯曲的流嘴，另一侧为耳形把柄。

金八棱镂空四兽足铁炉

口径 16 厘米　兽足高 5 厘米　通高 19.5 厘米

辽宁省沈阳市新民法哈牛镇博龙武术学校院内出土。沈阳市文物考古研究所藏。

侈口，平唇，八个面作两种装饰：一种上部为"卍"字，下部为海棠造型；另一种为上下对称交叉双剑形图案。平底下装饰四兽形足，

器内壁中部分别饰有四个半圆（外圆内直）炉箅，若执壶坐上，正好与之相合，为金代成套酒器。

佛影纶音

　　辽朝以崇佛著称，统治者大力提倡和扶植佛教，社会各个阶层也普遍信仰佛教，甚至达到了"辽以释废"的程度。佛教的兴盛，对辽朝的政治、经济、文化、风俗等方面都产生了重要影响。辽是多民族政权、多民族国家，汉传佛教作为境内各民族的共同信仰，有力地促进了这些民族的交往、交流与融合，对于维护契丹人的统治、对于辽国的发展都发挥了重大作用。辽王朝对待佛教的方针，对于以后的金、元乃至同时的西夏都提供了宝贵经验。金朝也是中国古代佛教发展的重要时期，金代虽然时有抑佛之令，但并未彻底禁断佛教，多数时期政府对佛教实行的是既保护又整顿的政策。

金镶嵌绿松石金牌

重 4.9 克

辽宁省沈阳市大东区小北街金代董厚墓出土。沈阳市文物考古研究所藏。

圆形，表面圆凸，有镂空的缠枝卷草纹。创底中部焊有杯形穿，边缘缀饰连珠。中心有一圆形嵌孔，外角等距离分布圆形和三叶形嵌孔各三个，嵌绿松石。

金正隆六年（1161）通慧圆明大师塔铭拓片

宽 72 厘米　高 100 厘米

塔铭原石于 1980 年从辽宁省辽阳市首山乡东王家庄征集。辽阳博物馆藏。

该塔铭长方形，21 行，满行 30 字，楷书，正文上方用篆文刻"通慧圆明大师塔铭"。通慧圆明大师，俗姓李，名洪愿，金东京辽阳府人，渤海后裔。年轻时选秀入宫，嫁与金太祖完颜阿骨打第三子完颜宗辅，即后来的金睿宗。天辅七年（1123）生子完颜雍。天会十三年（1135），完颜宗辅死，完颜雍年幼，乃削发为尼，在辽阳营建清安禅寺，号通慧圆明大师。正隆六年（1161）五月故去。时完颜雍任东京留守，乃遵照母亲遗愿，于辽阳建塔将其安葬，由李彦隆撰写塔铭。是年十月，完颜雍在辽阳发动政变，登基称帝（金世宗），尊谥其母为贞懿皇后。塔铭上记载了通慧圆明大师的名字、籍贯、家世及削发为尼之后的事迹，是研究金代历史的珍贵史料。

辽铁丝编海棠花形盏托

口径 8.7 厘米　底径 7.7 厘米　腹径 9.5—13 厘米　高 4.8 厘米

辽宁省沈阳市新民屯辽滨塔地宫出土。沈阳市文物考古研究所藏。

海棠花形，用直径 0.2 厘米的铁丝编成，施朱漆，出土时上置瓷盏。

金镶嵌绿松石金刚杵

重 5.4 克

辽宁省沈阳市大东区小北街金代墓葬出土。沈阳市文物考古研究所藏。

金质，两端为镂空莲瓣冠状，四面皆有嵌孔。中部为球体连接，四面亦有相对嵌孔，嵌物已无存。是僧、道举行宗教仪式时所用的一种器物。

辽玻璃佛珠

直径 0.7—0.8 厘米

辽宁省沈阳市新民屯辽滨塔地宫出土。沈阳市文物考古研究所藏。

共 108 粒，佛珠为扁圆及圆形，中间穿孔，白色透明。

辽如来佛铜像

长 11.5 厘米　底宽 6.3 厘米　高 25 厘米

沈阳故宫博物院原藏。

佛像肉髻，宽额，慈目，大耳垂肩。袒胸，披袈裟。施与愿印。结跏趺坐于须弥座上。整体线条硬朗，铸造不甚精细。

辽辽阳白塔 "白如梅" 铁风铎

口径 21 厘米　高 22.9 厘米

1989 年维修辽阳白塔时从白塔上取下。辽阳博物馆藏。

五瓣形口，表面铸有 "白如梅" 铭文。

辽砖雕菩萨坐像

宽 33 厘米　厚 8 厘米　高 42 厘米

辽宁省沈阳市新民辽滨塔地宫出土。沈阳市文物考古研究所藏。

菩萨结跏趺坐于莲花宝座上，发髻高起，上搭头巾垂至肩后，头部正视，双目微睁，胸前饰璎珞，宽袍长裙，双手紧握净瓶。

辽石经幢

长 45 厘米　宽 14.7 厘米

辽宁省沈阳市内柳条湖（北塔附近）出土。沈阳市文物考古研究所藏。

灰色滑石制成。幢盖为八角亭式，顶部雕莲花一朵，幢身为八面柱体，其中一面阴刻："清宁二年丙申岁九月小庚辰朔二十九日乙
时葬，前随驾马步都孔目官张宁男文质葬讫。"剩余七面刻《佛顶尊胜陀罗尼经》。方形底座以榫卯形式立于石棺盖上。

辽卷草纹铜风铃

口径 7.7 厘米　高 14.3 厘米

辽宁省辽阳市废品公司拣选。辽阳博物馆藏。

柄状纽，纽上一穿孔。风铃顶部一镂空，四瓣开口，花瓣上分别饰卷草纹。

烽火硝烟

　　火药发明于唐末，在北宋初年，曾被制成"火箭""火球""火蒺藜"，用以抗击辽军。金人灭亡北宋后，不仅占有了北宋北方广大地区，同时也获得了火药、火器和制造这种兵器的工匠。因此，金朝在宋人的基础上也能制造各种火器，并把它用于实际的战争中。同时铁器制造业的发展扩大，也直接关系到了金朝军事力量的发展。

辽蒺藜陶弹

大围 18 厘米　高 12.5 厘米

辽宁省沈阳市南郊奉集小屯出土。沈阳故宫博物院藏。

胎质厚重，体型为圆球状，上布满逆刺，逆刺长约 2 厘米。通体施深红色釉，底部无釉，有一小孔，用来装置火药及引火线，利用火药在容器内燃烧爆炸，而达到杀伤敌人的目的。使用时可埋在地下当地雷用，也可以用手投掷，当成手雷用。是中国最早的火球兵器之一。

辽蒺藜陶弹

大围 16 厘米　高 12.5 厘米

辽宁省沈阳市南郊奉集小屯出土。沈阳故宫博物院藏。

胎质厚重，体型为圆球状，上布满逆刺，逆刺长约 2 厘米。通体施浅棕色釉，底部无釉，有一小孔。

辽铁胄

围长 72 厘米　高 32 厘米

沈阳故宫博物院原藏。

此胄铁质，一体成型。圆形，顶部有缨管，用以插缨饰。胄身素面，锈蚀严重，底缘平齐。

第
七
章

高丽翠色

　　高丽青瓷又名翡翠色瓷器，是受唐宋王朝青瓷影响而发展起来的。高丽瓷在继承、消化中国制瓷技术与装饰手法的过程中能较好地融入高丽文化内涵，最终形成了既有中国青瓷传统技术、艺术手法，又有本国文化及艺术特色的独立青瓷体系。其优美精致，是贵族生活的物质、文化象征。高丽青瓷采用独特的装饰法即镶嵌法，提高了瓷器的装饰效果，开辟了高丽瓷器独特的境界。高丽青瓷的装饰纹样以象形为多，大部分是在自然界中常常接触到的动植物，这些形象不但趣味横生，而且自然、亲切。

　　高丽在北宋初期为辽国的藩属国，但由于对主流中华文化的仰慕以及对当时所谓蛮夷的契丹人的戒备，自公元 1020 年起，高丽开始遣使北宋，两国交流日益频繁。通过与宋的广泛交流，此阶段高丽青瓷受到了定窑、汝窑、磁州窑、耀州窑等许多窑口的影响，引进了大量的装烧工艺、器型、装饰手法，以及纹饰题材，青瓷发展达到了顶峰。由于 13 世纪蒙古的入侵，高丽瓷器文化受到打击并衰退下来。

13 世纪高丽青瓷镶嵌菊花纹盖盒

口径 8.3 厘米　底径 5 厘米　高 3.5 厘米

辽宁省辽阳市北园 5 号墓出土。辽阳博物馆藏。

盒体扁圆，盖与盒身以子母口相扣合。盖为平顶，直壁，器腹下斜，浅圈足。内外施青釉，釉下纹饰以白色化妆土镶嵌，偶加黑粉点染。器盖开光。内嵌刻三朵白色团菊花纹，外绕相同图案一周，在器物肩部、口沿处均刻白色几何纹饰。此器造型规整，纹饰密而不乱，是高丽王朝时期的标准器物。

13 世纪高丽青瓷镶嵌荔枝纹碗

口径 19 厘米　底径 6.9 厘米　高 9 厘米

辽宁省辽阳市城北庞夹河 1 号墓出土。辽阳博物馆藏。

敛口，深弧壁，底内凹，圈足。通体施青釉，釉下纹饰以白色化妆土镶嵌，偶加黑粉点染，内外口沿饰几何纹，内壁釉下白粉嵌四组折枝荔枝纹，内底嵌折枝菊花一朵。外壁嵌四个圆形开光，内饰白色团菊花纹，开光间隔处，满饰卷草纹，在靠近底足部，嵌四朵对称的折枝菊花纹。此碗造型丰满，纹饰协调雅致，釉质润泽。

北京房山灵鹫禅寺藏辽代碑刻考

陈龙

一、灵鹫禅寺概况

灵鹫禅寺是谷积山诸寺中至今保存最完好的寺院，地处谷积山小山坳西侧。谷积山位于北京市房山区政府西北 20 公里处，今属房山区青龙湖镇。出青龙湖镇北车营村沿西北方向行进，向北进入一道狭窄多弯的山谷，山行 10 里到达一座较为平坦的小山坳，其间峰峦凸起如谷堆状，故名谷积山。这里远隔尘嚣，景色清幽，古迹众多。对于谷积山，民国十七年（1928）出版的《房山县志》只有简短的记载："谷积山，城北四十余里，北车营村东北。有寺二：上曰圆通寺，仅有圆殿一，余圮；下有灵鹫寺，尚整齐。寺北有三学洞。北过岭处曰高桥寺，再北则宛界之鲁家滩矣。"[1]

谷积山现存三寺（灵鹫禅寺、圆通寺、谷积庵），三塔（铃铛塔、鞭塔、舍利塔），两太监墓，另外其较远处西侧为月亮洞，东侧为高桥寺。

灵鹫禅寺现存建筑多为明代遗存，2011 年由北京市房山区文委对其进行抢救性修缮、修复。寺现存有明正统（1436—1449）时期所建山门、天王殿、普光明殿及东西配殿。寺院坐北朝南，二进殿宇。山门、天王殿及普光明殿由南至北坐落于灵鹫禅寺的中轴线上。山门石额镌"菩提场"，一进殿为天王殿，殿后壁石额镌"灵鹫禅寺"[2]；二进殿石额镌"普光明殿"，二殿东配殿石额镌"僧宝□殿"，西配殿修缮前已圮，殿名不详。重新修复的藏经楼位于普光明殿北侧，由正殿及东西配殿组成，其正殿也坐落于寺院的中轴线上。

[1] （民国）冯庆澜修，高书官等纂：《房山县志》八卷，《房山县志》卷之一，成文出版社，民国十七年（1928）铅印本，第 49 页。

[2] 明正统五年（1440）刊立"敕赐灵鹫禅寺兴建记"碑，碑文记载有"正统四年春，上赐今额曰灵鹫禅寺"，今在北京市房山区青龙湖镇灵鹫禅寺。

二、灵鹫禅寺藏辽代碑刻概况

灵鹫禅寺今有辽代碑刻两通。一通为辽大（太）康四年（1078）刊建的"大辽析津府良乡县张君于谷积山院读藏经记"碑，立于普光明殿后东侧，汉白玉质地，螭首龟趺，背北面南。碑身通高257厘米，宽93厘米，厚36厘米；龟趺长170厘米，宽96厘米，高46厘米。碑身四面刻字，有裂纹，龟趺与地浮石相连立于地面上。碑阳篆额："大辽析津府良乡县张君于谷积山院读藏经之记"，首题："大辽析津府良乡县张君于谷积山院读藏经之记"，碑阴额题："师德华严千人邑会"，碑阴及碑左右两侧刻千人姓氏。另一通为刊建于辽大（太）康七年（1081）的"谷积山院出白银僧录司监留守司判照验山院供察帖"碑。2011年北京市房山区文委对普光明殿及东配殿进行抢救性修缮，修缮前在清理普光明殿东侧的房屋地基时发现此碑，将其移开保护前，该碑作为"文革"期间下乡知青宿舍房屋的地基使用。该碑汉白玉质地，仅存碑身，碑额、碑座俱失。碑身高183厘米，宽76厘米，厚24厘米。碑身三面刻字，有裂纹。首题："谷积山院出白银僧录司监留守司指挥进奉旨朝令□□□□□□内府供给□□□□□□□山□□□□□□□□□□□"。碑阴磨蚀，难以通读。

三、 碑刻录文与释读

现按碑刻刊建时间先后进行整理，"录文"以力求准确为原则，尽量照顾原碑原字，采用规范汉字（简体）加以誊录。碑文排列皆为由右至左竖排，现转为由左至右横排并加以句读，一竖刻文结束以"⌐"表示。录文无法辨别确认的字以"□"表示，一"□"一字。录文残损不清但仍可依上下文猜测的字以"□（）"表示，一"□（）"一字。录文能辨别确认碑文但仍有疑问的字，在其后以（？）或于括弧中加入疑误字加问号来表示。录文残损不清且不能确认所缺录文字数以"…"表示。

1. 大辽析津府良乡县张君于谷积山院读藏经记碑

录文

（额篆）

大辽析津府良乡县张君于谷积山院读藏经之记

（正文）

大辽析津府良乡县张君于谷积山院读藏经之记。当山疏主、崇禄大夫、守司徒、通慧大师、赐紫沙门守臻，当山提点、宣法大师、赐紫沙门恒囗。⌐

昔金仙氏在于世也，阐扬大法，诱导群愚，以救拔为怀，以慈悲为念。久于其化，虑人兴厌怠之情；复归于⌐无，示众以寂灭之理。自双林入涅之后，六百余载，而教流于震旦。教来而有像，像设而有寺，寺建而有藏，⌐藏置而如来方便之言、善巧之说、秘密之咒、开悟之文，于是乎在。苟能发心瞻仰，稽首归依，至乃闻一⌐偈一句者尚获福无量，何况延召缁徒、办设香供、年读一藏、周而复始、无穷尽之时者？其功德限际岂可⌐道哉！谷积山院，燕地之胜概也，左临桑水，却枕方山。千重之林薄萦纡，四面之峰峦掩映；幅圆数里，俨类⌐仙居。昼夜六时，恒闻梵呗；轨仪严整，徒侣精勤。加以兴善崇胜司空大师怀本提振而主领之，由是邑⌐落忻怡、檀信归慕。顷以善众，特市良材，于此净坊，创彼华藏，饰焜煌之金碧，炫间杂之丹青。虽绣栭云楣，⌐素尽庄严之具；而宝函钿轴，谁兴览阅之心？清河张君，讳文绚，良乡县之绣户也，妻田氏，皆性钟纯，吉名闻⌐乡闾。家有余资，靡好奢华之乐；身惟积善，颇信浮图之囗（法）。囗（越）囗（一）日，谓亲族曰："我兴佛刹，饭僧徒，修植善⌐根，鸠集福聚，固亦多矣，然于藏典，似阙胜囗（缘）。囗（乃）启白司空大师，议于谷积山院，请众僧侣读《大藏经》，便⌐从今季四月十五日囗（为）囗（启）读之始，他时亦然。"乃将县北公村别墅一所，田土园林约近陆柒倾，庄院房舍，⌐依旧囗（住）囗（佃）。囗（据）囗（所）囗（收）地利、斛粟、果实等，并元买券契，共壹拾陆道，并分付院司常住收附，以充逐岁亖流蒲⌐塞之费。约曰：若僧徒不怠，经课无阙，及不别将货卖典质，他后

[3]（元）脱脱等撰：《辽史》卷3《太祖纪》上，中华书局，2008年，第254页。

[4]（宋）叶隆礼，贾敬颜、林荣贵点校：《契丹国志》卷8《兴宗文成皇帝》，上海古籍出版社，1985年，第82页。

[5]（宋）叶隆礼，贾敬颜、林荣贵点校：《契丹国志》卷8《兴宗文成皇帝》，上海古籍出版社，1985年，第82页。

子孙无得取索；苟或反此，取之可也。仍刻⌐贞珉，以贻后来者。置于院之文绚地。噫！凡人帑禀盈溢，衣食丰足，鲜不以声色弋猎自娱，而张君能去此取⌐彼，亦难事矣！是知富而不奢、积而能施，义也；舍今生爱、求过去福，智也；虑身后事、立石为约，信也。五常之⌐中而有三焉，所谓淑德善人者矣！觉京邑居闲，实多余暇，因恭谒司空大师，坐次从容话及张君看读⌐藏教，备给资缘，以文见托。余亦美其为人，故不复牢让，信笔直书，扬君子之风，且旌于善道，辨外孙之字，⌐□乏于好辞。时大康四年、岁次戊午，四月甲辰朔、十五日戊午。行中书舍人、前知营州军州事陈觉题。⌐南吕□（村）□（张）文绚、妻田张氏，故男歧、妻□□□（孙？）女李张氏、次孙女贾张氏、孙男观音奴。将仕郎守均州参军张惟白书并篆额，河南郡宫士全刻。⌐

（碑阴及左右两侧略）

释读

北京地区作为辽国陪都之一，在辽中后期崇佛之风大肆盛行，上至皇亲贵族，下至黎明百姓，皆推崇佛教，辽太宗"幸弘福寺为皇后饭僧，见观音画像，乃大圣皇帝、应天皇后及人皇王所施"[3]。兴宗"尤重浮屠法，僧有正拜三公、三师兼政事令者，凡二十人。贵戚望族化之，多舍男女为僧尼"[4]。民间百姓信仰佛教的表现为组织邑舍、舍施钱财、礼佛饭僧等行为，甚至曾出现"一岁而饭僧三十六万，一日而祝发三千"[5]。关于"礼佛饭僧"之事在辽代崇佛鼎盛时期应极为推崇。据《大辽析津府良乡县张君于谷积山院读藏经记》碑文可知谷积山院在兴善崇胜司空大师怀本主持下，轨仪严整，僧侣精勤，良乡县绣户张文绚妻田氏家资殷实，崇信佛教。一日与怀本大师商议，请本寺僧人，从当年四月十五日启读《大藏经》，并将县北公村房舍及所附田园捐于谷积山院，以充香资。由此可见，当时的谷积山院香火十分旺盛。

2.谷积山院出白银僧录司监留守司判照验山院供察帖碑

录文

（正文）

谷积山院出白银僧录司监留守司指挥进奉旨朝令
□□□□□□□内府供给□□□□□□□□山
□□□□□□□□□□常住旧有年□□命
□□□□□□□□□□□□□□□□□□□□□□
入城藏住便见山院□□□□□□南山中□乡□□□□□□□人
□□□□□□□□人□□□□有平□僧人□□归山人一□有平
□僧人□□归山□□□

　　□□□□□□□□□□□□□□□□□□□□□□□□□
□□□□□□□□□□□□□□□□□□□□□□□□□□□
□□□□□□□□错失□□□□ □□□□□□□□其□□有
□□□□□□□□□□□□□□□□□□□□□□□□□□□□□
□□在京下院申发受戒并奉□□□捻□是一道僧怅处今又照验到
方□状□□上到天成年□□不□年代念忠□□□上此长兴三年分
置到上万村庄子，至天成□三年，上代先师于山院并上万村庄上
建立。下幢记，自后去清泰元年，先师思行、弟子鉴园自舍施衣
钵，于在京买置到院子，创起谷积□山下院，无照验到在案，抄
白到山院并上万村庄子两处，幢记年分并皆是宝其在京时。和坊
院子是僧鉴园置到为下院，起立三纲常□住，并清宁二三年于良
乡县创起皆作典库，亦是山院僧惠泰曰施钱钵佰贯。并与徒弟同
立契，把衣盂鞍马于张阿朱处解钱伍佰□□文，起到常住典库，
并不是在京下院。僧人经求营办相度，不合□割令下燕京留守司
指挥只勒谷积山，为上院起立常住。在京依□□□下院准备□□
僧人往来时暂居止所。据自来在京院内居□僧众，并仰□底发达
进上院，正龙通堂住持若是内有不欲赴上院人等□处勒依□□止，
更不得破损常住物料供给。只勒伊寺自营□□□合□缅首，并旬
当常住庇作典库僧人等。并禁止院住持贰众僧□□同举差有□德
道□人等京便会例申差处在京下院内□□僧人□□佛事房院仰上
院庄栋，□依时供应斋粮及行替换为有官□□中并僧司及慎处诸

□□□只仰元差赴在京看院僧人，□龙便承廉所有元谕人义莹招伏不合□（让）钟灵指谕雀准请罪并称蒙朝廷。□┙断无管系庄院起立三纲常住。理合勒义莹招伏番论，朝廷案庚缘犯□□德音已前只据所招不合，于今年七月再有□告留守司┙谕勘事院抑棱罪□（愆）合□□□□□仰勾取准上□□（光）外，有义莹指□□岩于重□（熙?）十一年分伦着常住□□缘到今多年累□□□□□┙□（钏）□（步）因事论□俱不□（处）分据自来在京院内居止，僧众准上□（金）□（光）赴上院依例□□房院，其义莹虽招亦咨析合决臀杖拾柒。又缘经□┙年前十月德音亦合原免，又照验到方岩、义莹等各招不合，称留守司错断生料及有不伏罪庚，缘即目捡会前次元断盗状，却有更┙□不同详情可查□不处分，付留守司。料此仰照验所奉□头子内因依施行，不得有违错失。右具如前帖，仰切准奉留衙指挥并□┙

　　子内因依施行，不得有违。咸雍六年正月二十日帖。判□□□管内右街僧□□正大师□□燕卫王士张惟白书，燕京宫士全刻。┙

　　碑身左侧"时大康七年岁次辛酉四月戊午朔十日丁卯丙时建"

　　（碑阴略）

　　释读

　　"谷积山院出白银僧录司监留守司判照验山院供察帖碑"记录了辽道宗咸雍六年（1070）燕京留守司颁给谷积山院的一件"帖判"（今称判决书），"帖判"内容记述了谷积山院在燕京（幽州）城内建立下院，先后置买产业，至辽道宗咸雍年间下院僧人与谷积山院争产，燕京留守司两次"照验""勘合"谷积山院的案子。起因应该是燕京下院——谷积山院关于产业所有权的纷争，燕京下院"生事"为首者是叫作义莹的僧人。燕京留守司两次判理此案，因为事涉寺产，所以引起笃信佛教甚深的辽道宗耶律洪基的关注，御笔裁决。第一次判理此案"元断盗状"，当事者被"臀杖拾柒"。后来"又照验到方岩、义莹等各招不合，称留守司错断生料"，敕命"所奉头子内因依施行，不得有违错失"，又发"帖判"结案。将这种官府"帖判"刻铭立碑，是当时打赢了官司的一方（谷积山院）立此存照、永昭世人的一种特别郑重的做法。

此碑结尾"帖判"书款为"咸雍六年正月二十日"即辽道宗咸雍六年（1070），乃是燕京留守司再审"帖判"结案的时间，而非谷积山院勒石立碑的时间。碑身左侧刻有立碑时间的题记"时大康七年岁次辛酉四月戊午朔十日丁卯丙时建"，可见立碑时间为大康七年（1081）。

该辽代官府"帖判"部分还原了谷积山院创建和兴盛的历史：早在五代后唐天成三年（928）之前，谷积山院已经建立，"长兴三年分置到上万村庄子，至天成三年上代先师于山院并上万村庄上建立，下幢记"。此后于后唐清泰元年（934）在燕京城内建立下院"清泰元年先师思行、弟子鉴园自舍施衣钵，于在京买置到院子，创起谷积山下院"。碑文还记载"清宁二三年于良乡县创起皆作典库"，即在辽道宗清宁二至三年（1056—1057），谷积山院在良乡县创立典库。"典库"即库房的意思，是将寺院的物资经清点、登记在册后存入的房屋。

结语

传世文献记载较为简单，信息涵盖较少，难以解释灵鹫禅寺的寺庙创建及发展历史。本文就灵鹫禅寺所藏辽代碑刻进行录文释读，部分还原寺庙的历史风貌，以补史志之缺。

同时"谷积山院出白银僧录司监留守司判照验山院供察帖碑"碑文全部刻公文原文，在已知的辽代佛教刻石中不多见。北京地区现已发现的辽金刻石中，仅有原立于房山区上方山兜率寺的"天开寺奉先县禁山榜示碑"与其性质相同，此碑刊立于金代崇庆元年（1212），文体属官府牒文类，内容是禁止村民滥伐寺院所属林地内树木的文书，但级别不及灵鹫禅寺这通辽碑。可见，此碑对于辽代燕京地区佛教史和法制史的研究也具有重要价值。

浅析辽代女性教育

[1] （元）脱脱：《辽史·后妃传》卷71，
中华书局，1974年。

[2] （元）脱脱：《辽史·后妃传》卷71，
中华书局，1974年。

[3] （元）脱脱：《辽史·后妃传》卷71，
中华书局，1974年。

[4] （元）脱脱：《辽史·后妃传》卷71，
中华书局，1974年。

[5] （元）脱脱：《辽史·兴宗本纪》卷
19，中华书局，1974年。

[6] （元）脱脱：《辽史·道宗本纪二》
卷22，中华书局，1974年。

[7] 陈述辑校：《全辽文》卷8《秦晋国
妃墓志铭》，中华书局，1982年。

陈晓敏

辽代是以游牧民族——契丹为主体建立的朝代，其政治体制是"以国制治契丹，以汉制待汉人"的一国两制格局，而教育属于上层建筑，反映一定的政治导向，从教育内容反映出辽代女性教育特有的特点。

一、 尚武骑射

辽代以武立国，十分崇尚骑射教育。辽代女性受到这种尚武骑射教育的影响，往往也都具有高超的御马较射技艺。《辽史·后妃传》载："辽以鞍马为家，后妃往往长于射御，军旅田猎，未尝不从。如应天之奋击室韦，承天之御戎澶渊，仁懿之亲破重元，古所未有，亦其俗也。"[1]从这条史料记载来看，辽代后妃的御马射箭，能征善战，在辽代并不是什么新鲜事，史多撷述。如太祖淳钦（应天）皇后述律氏，"勇决多权变，太祖行兵御众，后尝预其谋。太祖尝渡碛击党项，留后守其帐。黄头、臭泊二室韦乘虚掠之，后知之，勒兵以待其至，奋击，大破之。由是名震诸夷"[2]。太宗靖安皇后萧氏，"性聪慧洁素，尤被宠顾，虽军旅、田猎必与"[3]。景宗睿智皇后萧氏，"习知军政，澶渊之役，亲御戎车，指麾三军，赏罚信明，将士用命"[4]。圣宗钦哀皇后萧氏，兴宗重熙十年（1041）九月庚申，"射获熊，上进酒为寿"[5]。兴宗仁懿皇后萧氏，在与逆党耶律重元作战时，"亲督卫士，破逆党"。又道宗咸雍元年(1065)秋七月丙子，仁懿皇后"射获熊，赏赉百官有差"。道宗咸雍元年(1065)冬十月乙亥，仁懿皇后"射获虎，大宴群臣，令各赋诗"[6]。秦晋国妃"颇习骑射，尝在猎围，料其能中则发，发即应弦而倒"[7]。可见，辽代后妃在尚武骑射方面，巾帼不让须眉，善武成为辽代后妃的一大特色。

在辽代，不仅后妃善武，而社会生活中的其他女性也常常具有尚武骑射的生活技能。如东北路兵马监军妻婆底里就曾经主掌兵权，镇守诸部。《辽史·百官志二》记载："迪离毕部、涅刺部、乌隈部，已上三部，隶夫人婆底里东北路管押司。"又《辽史·圣宗本纪一》记载：统和三年（985）十一月丁丑，"诏以东北路兵马监军妻婆底里存抚边民"。又《圣宗本纪三》记载：统和七年（989）七月甲午，"以迪离毕、涅刺、乌隈三部各四人益东北路夫人婆里德，仍给印绶"。"婆里德"即婆底里，可见婆底里在东北路主掌兵权。能主掌兵权，必善治军骑射。再如辽朝承天皇后的姐姐齐妃（皇太妃）萧胡辇"领兵三万屯西鄙驴驹儿河"，"西捍达靼"[8]。统和十五年（997）三月甲午，"皇太妃献西边捷"[9]。由此可知，尚武骑射教育在辽代女性的教育活动中是比较普遍的现象，是辽代女性（主要指北方游牧民族女性）必需学习的功课之一。

二、文化知识

由于契丹统治者的推崇，契丹贵族普遍接受了中原文化。清人沈德潜在《辽诗话·序》中曰："辽之圣、兴、道三宗雅好词翰，咸通音律，侍从诸臣多淹通风雅。"在这种风尚的影响下，辽代女性也掀起了学习中原文化的热潮，致使许多生活在辽朝域内的女性也都精通汉文化。《全辽文》载：秦晋国妃（隆庆妃）"幼而聪警，博览经史，聚书数千卷。能于文词，其歌诗赋咏，落笔则传颂朝野，脍炙人口……雅善飞白，尤工丹青……轻财重义，延纳群彦。士之寒素者赈之，士之才俊者升荐之，故内外显寮，多出其门，座客常满，日无虚席。每商榷古今，谈论兴亡，坐者耸听。……撰《见志集》若干卷于代，妃每读书至萧、房、杜传，则慨然兴叹，自唯有匡国致君之术，恨其非人也"[10]。秦晋国妃的诗歌词赋能够在朝野上下广为传诵，并有著述行于世。可以想

[8] 李焘：《续资治通鉴长编》卷55，中华书局，1992年。

[9] （元）脱脱：《辽史·圣宗本纪四》卷13，中华书局，1974年。

[10] 陈述辑校：《全辽文》卷8《秦晋国妃墓志铭》，中华书局，1982年。

06

[11]（元）脱脱：《辽史·后妃传》卷71，
中华书局，1974年。

[12] 蒋祖怡、张涤云整理：《全辽诗话》，
岳麓书社，1992年，第17—18页。

[13] 蒋祖怡、张涤云整理：《全辽诗话》，
岳麓书社，1992年，第17—18页。

[14]（辽）王鼎：《焚椒录》，中华书局，
1991年。

[15]（元）脱脱：《辽史·后妃传》卷71，
中华书局，1974年。

[16]（元）脱脱：《辽史·后妃传》卷71，
中华书局，1974年。

[17]（元）脱脱：《辽史·后妃传》卷71，
中华书局，1974年。

[18] 向南、张国庆、李宇峰：《辽代石刻
文续编》，辽宁人民出版社，2010年，
第227页。

见，秦晋国妃的文化水平已经达到了相当的高度。这也说明，辽代女性的文化教育，得到了长足发展。

在文化知识方面，典型代表当属道宗的宣懿皇后萧氏，即萧观音。史载：宣懿皇后"姿容冠绝，工诗，善谈论自。制歌词，尤善琵琶"[11]。萧观音今存作品诗四首，词十首，文一篇，虽然数量不多，皆为精品。清宁二年(1056)八月，道宗游猎秋山，宣懿皇后率嫔妃从行在所，至伏虎林，道宗命宣懿皇后赋诗，宣懿皇后应声曰："威风万里压南邦，东去能翻鸭绿江。灵怪大千俱破胆，那教猛虎不投降！"道宗大喜，出示群臣曰："皇后可谓女中才子。"[12]再如清宁三年（1057）秋，道宗作《君臣同志华夷同风诗》，宣懿皇后应制嘱和曰："虞廷开盛轨，王会合奇琛。到处承天意，皆同捧日心。文章通谷蠡，声教薄鸡林。人寰看交泰，应知无古今。"[13]此外，萧观音的《怀古诗》："宫中只数赵家妆，败雨残云误汉王。惟有知情一片月，曾窥飞燕入昭阳。"[14]萧观音现存的作品粗犷豪放又不失典雅，显示出了萧观音极高的文化素养，所以不难看出萧观音受到了良好的文化教育。

在辽代，像秦晋国妃、萧观音这样有文采的女性并不鲜见。如天祚帝耶律延禧文妃萧氏，小字瑟瑟。史载："善歌诗，女直作乱，日见侵迫，帝畋游不恤。忠臣多被疏斥，妃作歌讽谏。"[15]其词曰："勿嗟塞上兮暗红尘，勿伤多难兮畏夷人；不如塞奸邪之路兮，选取贤臣。直须卧薪而尝胆佤，激壮士之捐身；可以朝清漠北兮，夕枕燕云。"[16]文妃作《咏史》诗，希望天祚帝能重振朝纲。《咏史》："丞相来朝时剑珮鸣，千官侧目兮寂无声。养成外患兮嗟何及？祸及忠臣兮罚不明。亲戚并居兮藩屏位，私门潜畜兮爪牙兵。可怜往代兮秦天子，犹向宫中兮望太平。"[17]从上述辽代后妃创作的诗歌中可以看出，这不仅需要有较高的文学素养，更需有史德、史才、史识。也从另一侧面折射出这些契丹女性所受文化素养教育程度之高。

由于记载辽代女性文化教育的史料很少，难睹全貌。但从现代考古材料中可以窥见辽代女性接受文化教育应是比较普遍的。《永清公主墓志》载：永清公主母萧氏"善属文章，尤精书笔"，而其本人亦"精通词墨，善理笙琶"[18]。母女两代皆接受了较好

文化教育就是很好的例证。辽代社会女性之所以有机会接受文化教育，并具有如此之高水准的文化素养，既是辽代统治者坚决推行"尊孔崇儒"文教政策的现实写照，也是辽代社会重视女性文化教育的必然结果。

三、伦理道德

辽代女性的伦理道德教育受契丹旧俗的影响，并未像中原那样形成严格的"三从四德"标准，儒家礼教成分相对较弱。但是，由于契丹统治者对儒学的尊崇，儒家思想对契丹社会的影响逐步加深。辽代中晚期，统治者也开始重视女性的伦理道德教育，也就是儒家思想中所讲的"妇道"。妇德教育从理念上讲是教育女性处理好三种关系：夫妻关系、与父母舅姑的关系、与儿子的关系。具体来讲就是使女性在"贞""言""容""工""孝""诚"等方面达到女德的标准。

辽代统治者对女性伦理道德教育的重视体现在以"诏令"的形式，明确规定了女性应该遵守的内容。如圣宗统和元年（983）四月"诏赐物命妇寡居者"[19]，鼓励其守节。开泰六年（1017）四月"禁命妇再醮"[20]，明确禁止寡妇再嫁。重熙二十一年（1053），耶律义先戒族人曰："国家三父房最为贵族，凡天下风化之所自出，不孝不义，虽小不可为。""其妻晋国长公主之女，每见中表，必具礼服。义先以身率先，国族化之。"[21]辽代统治者不仅在礼仪和女性守节方面做出了明确的规定，而且对于违反规定的女性也会进行处罚。如兴宗长女跋芹先"下嫁萧撒八，与驸马都尉萧撒八不谐，离之。清宁初，改适萧阿速。以妇道不修，徙中京"[22]。由于统治者对伦理道德教育的重视，辽代贵族家庭为了培养女儿的"妇道""闺仪"之伦理道德行为规范，常常聘请女性教师专门教诲家中女子，以尊"妇道""闺仪"之规。如李翊之亡姊"禀亲教而洞晓妇仪，承闺训而妙熟女史"[23]。宋公妻张氏"晓达功言，肃敬父母，礼□姆教，性本无

[19]（元）脱脱：《辽史·圣宗本纪一》卷10，中华书局，1974年。

[20]（元）脱脱：《辽史·圣宗本纪六》卷15，中华书局，1974年。

[21]（元）脱脱：《辽史·百官志一》卷45，中华书局，1974年。

[22]（元）脱脱：《辽史·公主表》卷65，中华书局，1974年。

[23]向南：《辽代石刻文编》，河北教育出版社，1995年，第105页。

[24] 向南、 张国庆、 李宇峰 : 《辽代石刻
文续编》， 辽宁人民出版社， 2010 年，
第 56 页。

[25] 向南、 张国庆、 李宇峰 : 《辽代石刻
文续编》， 辽宁人民出版社， 2010 年，
第 88 页。

[26] 向南 : 《辽代石刻文编》， 河北教育
出版社， 1995 年， 第 390 页。

[27] 向南 : 《辽代石刻文编》， 河北教育
出版社， 1995 年， 第 181 页。

[28] 向南 : 《辽代石刻文编》， 河北教育
出版社， 1995 年， 第 409 页。

[29] 盖之庸编著 : 《内蒙古辽代石刻文研
究》， 内蒙古大学出版社， 2002 年，
第 133 页。

[30] （元） 脱脱 : 《辽史·列女传》 卷 107，
中华书局， 1974 年。

生, 不□□□□□抑流芳于乡"[24]。宣政殿学士、 同政事门下
平章事马得臣之长女、 李继承妻马氏"早承姆训, 辇丝克擅于女
工; 自适吾门, 苹藻颇勤于妇道"[25]。张景运之亡姊"幼承姆教,
长习闺仪"[26]。宋匡世之女"待年而未行, 而皆处闺阃, 以禀姆
仪, 事舅姑而遵妇道"[27]。董庠妻张氏"幼从姆教, 则教无不
臻; 长习嫔仪, 则仪无不整"[28]。从这些材料可以看出, 在辽代,
伦理道德教育已经成为女性教育的重要内容。

由于统治者对伦理道德教育的倡导, 士大夫阶层的践行, 辽
代中后期, 造就出了众多的"贤妻良母""贞节烈妇""孝女"。如
景宗皇帝之孙、 秦晋国皇太弟正妃萧氏之女, "虽贵出王宫, 而
礼遵妇道"。[29]耶律中妻萧氏, 韩国王惠之四世孙, "……天庆
中, 为贼所执, 潜置刃于履, 誓曰 : '人欲污我者, 即死之。' 至
夜, 贼遁而免。久之, 帝召中为五院都监, 中谓妻曰 : '吾本无宦
情, 今不能免。我当以死报国, 汝能从我乎? ' 对曰 : '谨奉教。'
及金兵徇地岭西, 尽徙其民, 中守节死。掷兰悲戚不形于外, 人
怪之。俄跃马突出, 至中死所自杀"[30]。由此可见, 统治者所倡
导的伦理道德教育, 在辽代中后期对辽代女性产生了深刻的影响。

综上所述, 纵观辽朝女性教育, 就内容而言涉及修武骑射、
文化知识、伦理道德, 均包括其中, 辽代女性教育内容广泛, 丰
富多彩。可以肯定的是, 辽代女性受到了较好的教育, 她们不仅
善武而且能文, 可谓是文武双全。从教育内容上看, 既遵从北方
草原游牧民族固有的风俗习惯, 又充分吸收中原汉族女性教育的
传统, 故辽代女性教育带有鲜明的北方游牧民族文化特色。

小议辽国官吏选拔制度和民族发展关系

杜若铭

[1] （北齐）魏收撰：《魏书》卷100，中华书局，1974年，第2223—2224页。

有契丹族的主体来自鲜卑的说法，与阿保机同一曾祖的耶律羽之的墓志记载："羽之姓耶律氏，其先宗分佶首，派出石槐，历汉魏隋唐以来，世为君长。"这个墓志说明，契丹皇族源于东胡系，为鲜卑的一支；佶首乃奇首可汗，檀石槐是2世纪中叶"尽据匈奴故地"的鲜卑大联盟的首领。总而言之，契丹族与鲜卑宇文部有着千丝万缕的联系。宇文部由鲜卑人、匈奴人、乌桓人、汉人混合而成，可以说建立辽国的契丹族是一个北方民族聚居融合而成的民族。《魏书》中契丹民族首次作为独立的民族出现[1]，至隋唐时期，契丹族已在东北地区成立了具有强大军事实力的政权，并不断兼并吸收周围民族的土地和人口，与唐也进行着大大小小的战争，时而依附，时而背叛，直至安史之乱才结束。唐末，迭刺部耶律氏家族兴起，世代担任契丹的夷离堇，耶律阿保机担任夷离堇期间，可汗的选立也从纥便部遥辇氏转到迭刺部耶律氏，建立辽国。

辽是一个多民族的国家，除了契丹和汉人外，还有渤海、室韦、奚、阻卜、女真、铁骊、靺鞨等少数民族。不论从民族的形成，还是到国家的建立，内部多民族杂居，外部多民族征战，一直是契丹族作为统治者的民族所要面对的问题，尤其是政权的建立，一方面维护本民族的统治和利益，另一方面也需要平衡多民族的关系，为辽王朝服务，保证国家的正常运转。官吏的选拔任用是契丹族维护其统治地位和调节民族关系发展的重要手段之一。"世选制"是契丹族固有的传统选拔官吏的制度，后来又有"恩荫制"和吸收中原王朝的"科举制"，这三个选官制度是契丹族选拔官吏的主要制度。除此之外，还有荐举制、征召制、入粟补官法、赏赐与赠予等官吏选拔方式作为补充为政府输送人才，平衡多民族的关系。

[2] 陈述著：《契丹政治史稿》，人民出版社，1986年，第61页。

[3] （元）脱脱等撰：《辽史》卷20，中华书局，1974年，第237页。

[4] （元）脱脱等撰：《辽史》卷45，中华书局，1974年，第690页。

[5] 赵翼：《廿二史札记》卷27《辽官世选之制条》，中国书店，1987年4月。

[6] 张志勇：《辽朝选任官吏的方式考述》，《东北史地》2004年第8期，第46—51页。

世选制出现于契丹族宗族部落时期，历史悠久，史籍中多有记载。契丹古时，八部首领推举一人为首领，建旗鼓以统八部，每三年举行一次。首领的被选条件为"有勇有谋"（德行功业），能领导生产（因群牧不盛即改选）[2]。这种选拔统治者的制度一直沿袭至辽圣宗，辽太宗耶律德光和辽世宗耶律兀欲的继立，就是依照世选制，由各部推选完成的。辽圣宗以后，帝位的继承从这种世选制逐渐转为立嫡立长的世袭制。官吏的世选制是首领世选制的一个延续和发展。

"世选之官，从各部奢旧，择材能者用之。"[3] 可见世选官吏有两道门槛："各部奢旧"和"材能"，并不如"世袭"一样。《辽史·百官志》载："北府宰相，掌佐理军国之大政，皇族四帐世预其选。……南府宰相，掌佐理军国之大政，国舅五帐世预其选。"[4] 可见掌管辽国军政大权的官吏世选于皇族耶律氏和外戚萧氏。清代史学家赵翼说："辽代世选之制，功大者世选大官；功小者世选小官，褒功而兼量才也。"[5]"功"也是世选制的一个标准。辽国世选的职位主要是北面朝官和专业职官：（1）执掌契丹军政和民政的北、南枢密使；（2）佐理军国大政的北、南府宰相，世选于皇族四帐和"国舅五帐"；（3）夷离堇（北、南大王）分掌部族军民之政，依《辽史》所载，在已知担任过迭剌部夷离堇和北、南院大王者的官员，除韩（耶律）制心一人外，全部出身于迭剌部以及后来的五、六院部；（4）由朝廷任命，掌握地方军政大权的节度使。还有具有专业程度较高的官职，如掌理狱讼的决狱官，自契丹遥辇氏掌权时期世选于辽太祖淳亲皇后家族；太医等。世选的官吏除了世选官职还有以下特权：辽圣宗时，免黥面，兴宗时改为刺颈；辽兴宗时，世选宰相、节度使族属等，允许葬用银器；辽道宗清宁二年（1056）世选宰相、节度使免皮室军役。作为首领世选制的一个延续也遵照一定的程序：一是要由各个部落推举；二是要经过各个部落联盟首领召开的大会上通过；三是要举行柴册仪的仪式[6]。

唐末，耶律阿保机统一奚五部，辽圣宗后对于奚以行政手段强制合并为六部，以满足辽国边防的需要，逐渐打乱了奚族各部血缘关系的界线。奚族各部的行政区域机构和组织形式代替了辽建国前以血缘联系为基础的部落联盟。奚五部的部落联盟首领的产生是由世选而来，后来与五、六院部、乙室部并称为四大部族的奚六部的长官奚六部长或奚六部大王，除在个别情形下任用契丹贵族外，大多数仍是由奚王、奚长、奚可汗的后裔担任的，也保留了世选制的鲜明特征。

世选制是辽朝契丹和奚等游牧民族进入仕途的主要途径。世选制对于契丹族维护了本民族的统治地位，保护了本部族的利益，使其他民族很难进入权力的核心，对于世选的人才也是量"才"为用，总的来说是依靠血缘和才能，保证了国家的正常运转。但对于民族关系的发展并没有促进的作用，限制了其他民族进入国家核心权力层的道路，也限制了出身低微的人。这种管理选拔机制也慢慢削弱了契丹族世选人才的竞争力，具有一定的落后性，后期受到了科举制的冲击。

恩荫又可称为荫补、任子、门荫、世赏，是中国上古时代世袭制的一种变相，指由于封建制度下，祖辈、父辈的地位而使得子孙后辈在入学、入仕等方面享受特殊待遇，称之为"荫补"，在宋朝时形成"推恩荫补"，这种制度一直延续到封建社会晚期。恩荫制是辽代汉族官僚子弟入世的重要途径之一，辽代荫补汉士大致可分为两种类型：一种是常规性荫补，史称"常荫"，指父、祖达到一定官阶，朝廷即允荫其子孙为官，无特殊情况说明的荫补多属此种类型；另一种史称"难荫"，指父祖殁于王事，子孙得荫[7]。契丹族建国后，要统治人口和文明程度远超于本民族的汉族，需巩固国家的统治基础，加强与汉人世家大族的联系，使汉人的世家大族通过恩荫制入世为官，不仅加强了联系，而且汉族的儒家文化对辽国政治的方方面面产生着影响。契丹人征服渤海后，辽中央将渤海国豪强大族纳入了享受荫补制度的集团中来，辽太宗得燕云十六州后，汉人世家大族恩荫入朝为官，推动了辽国整体的封建化进程[8]。

荫补汉吏的最常见荫补对象是荫补其直系子孙，即"祖宗之荫，遗子遗孙"[9]，另有承曾祖荫补官以及荫补旁系亲属。八、九品官员就有荫补权，官员荫补子弟是有员额限制的，辽道宗时发生的"王邦彦子争荫"[10]。蒋金玲在《辽代荫补制度考》一文

[7] 蒋金玲：《辽代荫补制度考》，《史学集刊》2010年第2期，第44—49页。

[8] 陈天宇：《"王权支配"下的辽代官僚荫补阶层探究》，《辽宁工程技术大学学报》（社会科学版）2015年7月第17卷第4期。

[9] 向南：《刘承遂墓志》，《辽代石刻文编》，河北教育出版社，1995年，第676页。

[10] （元）脱脱等撰：《辽史·萧文传》卷105，中华书局，1974年，第1461页。

中，将辽恩荫官员与金代和宋代的恩荫官员的政治前途进行比较，发现辽代荫补出身的官员政治前途较光明，他们中很多能凭借自身的能力跻身中、高级官僚阶层（五品至二品），最终居官低微者往往由于仕途的非正常中断，如因尽孝而辞官、英年早逝等。而宋、金荫补出身者官职迁转慢，且大部分终身滞于低官层面[11]。

辽国恩荫制使汉族、渤海国的世家大族与契丹政权紧密地联系在一起，使汉族士人进入辽国政府从而协助契丹族统治北方地区长达二百多年，推动了契丹等游牧民族封建化，巩固了辽国的统治基础。恩荫制的选拔标准是血缘而不是才能，世家大族中缺乏才能的人因血缘就可入朝为官，并且为官的前途光明，"等荫"成为当时社会的普遍现象，辽国后期受到科举制的冲击。恩荫制与世袭制和科举制相比，不是辽国选拔官吏的主要制度，其影响和作用较小。

"辽起唐季，颇用唐进士法取人。"[12]辽国科举制深受唐朝科举制度的影响，辽后期或一年或二年或三年一贡举。但基本上是三年一贡举，沿袭宋制，对金、元也有一定影响，是中国古代少数民族在中原地域建国以来的创始[13]。辽太宗会同二年（939），仿照唐制始行贡举考试。辽景宗以来，汉族官吏的势力增长，为了笼络汉族地主阶级，促进辽国封建化的发展，需要更多精通儒家文化的官吏进入政府，辽景宗保宁八年（976）十二月，诏"南京复礼部贡院"[14]，辽国开始实行科举制。

辽科举制之初仅在儒家文化比较发达的南京地区，以汉族、渤海族士人为主，有稳定汉族、渤海族聚居区的目的。辽圣宗统和六年（988）到辽兴宗重熙元年（1032），科举取士每年一次，至此辽国贡举才走向固定轨范[15]，这一年科举制由南京局部地区推向全国。辽前期禁止契丹族以及北方游牧部族士人应试科举，不准契丹人应试，目的在于保持契丹人尚武的民族精神，以维护他们的统治地位。辽兴宗时，横帐季父房的耶律蒲鲁，"幼聪悟好学，蒲七岁，能诵契丹大字。习汉文，未十年，博通经籍。重熙中，举进士第。主文以国制无契丹进士之条，闻于上，以庶蔑擅令子就科目，鞭之二百"[16]。辽兴宗虽对耶律蒲鲁处罚，但又十分爱慕他的才华，还诏耶律蒲鲁入仕为官，说明当时统治者对契丹族参加科举考试的态度已悄然发生变化。辽自开国以来，统治者都汉化极深，学习儒家文化和汉族王朝的治国经世之略，所以禁止契丹族以及北方游牧部族士人应试科举的"国志条文"被冲破只待时日。至耶律大石作为皇室直系成员成为天祚帝天庆五年（1115）进士，说明辽后期不再禁止契丹族以及其他游牧部族参加科举考试。

辽科举制在唐宋科举制的基础上有所发展，具有北方游牧民

[11] 蒋金玲：《辽代荫补制度考》，《史学集刊》2010年第2期，第44—49页。

[12] （元）脱脱等撰：《金史·选举志一》卷51，中华书局，1975年，第1129页。

[13] 李文泽：《辽代官方教育与科举制度研究》，《四川大学学报》1999年第4期。

[14] （元）脱脱等撰：《辽史·景宗纪上》卷8，中华书局，1974年，第96页。

[15] 黄凤岐：《契丹古代史》，内蒙古科学技术出版社，1999年，第56页。

[16] （元）脱脱等撰：《辽史·耶律蒲鲁传》卷89，中华书局，1974年，第1351页。

族特色，在中国科举史上占有重要的地位。科举制在辽国的发展与其他中原王朝相比并不充分，一开始限制契丹等游牧民族参加考试是一种封闭的"国策"，既不利于国内民族团结，也不利于辽国的发展，分族取士最终的结果也没有完全维护民族特性。科举制是封建王朝较为先进的制度，是打破血缘、门第、民族等的限制，立足于民族平等、团结，是巩固国家统治基础的重要制度。辽国通过科举制吸引了大批汉族、渤海族士人参加考试，为国家输送了大量的人才，平衡了国家民族关系。

除世选制、恩荫制、科举制比较正规、严格以外，荐举制、征召制、入粟补官法、赏赐与赠予等官吏选拔方式都有随机性，目的有征召人才、平衡内部权力斗争、缓解国库空虚等，在一定程度上缓解了民族矛盾。

辽国的官吏选拔制度有其不同于其他朝代的独特性，在辽国统治的二百多年里不断有所调整变化，以适应国家的需求；但是契丹统治者的初衷没有得到实现，历史的车轮推动着这个国家不断地封建化，民族不平等的关系没有得到更好的解决。促进民族关系和谐发展首先是制度上的开放和平等，任何制度上的不平等待遇甚至是制度上的屏障，最终都会引发民族矛盾，辽国在官吏选拔制度上的不平等和制度屏障证明了这一点。从历史的角度来看，辽国官吏选拔制度不断的发展，制度上的屏障最终会被民族融合的潮流慢慢冲刷掉，这是一个漫长的过程。

辽代佛塔中出土的金银器

李影

20世纪50年代以来，随着考古工作的不断开展，出土了大量的辽代金银器，主要集中在内蒙古、辽宁、北京、河北等地。辽代社会崇佛，这使得佛教用具在辽代金银器产品中占有一席之地。据目前的考古发掘资料，辽代佛教金银用具主要集中发现于墓葬与佛塔之中，其中墓葬占比例较大。发现有金银器的辽代佛塔并不是很多，主要集中在辽东京、上京及南京地区，有今辽宁的阜新新营子辽塔、新民辽滨塔、朝阳北塔、辽阳白塔，内蒙古巴林右旗的庆州白塔，北京的辽净光舍利塔和北郑辽塔，以及吉林农安万金塔，山西应县木塔等。

一、 辽代佛塔中金银器的主要发现情况

辽代佛塔中出土的金银器类别，根据用途大致可以分为两大类：一类为宗教用器，主要指特定的宗教器物，如宝塔、法器、菩提树、经板等；另一类则为供养器皿，其在形制上与日常生活用具并无差异。

（一）宗教用品

1. 宝塔

目前辽代佛塔内出土的宝塔共9件，现根据塔身平面形状可分为多边体和圆体两大类。

（1）多边体塔

见有八边形、六边形、四边形三类。

① 八边形宝塔

仅见1件，出土于辽宁沈阳新民辽滨塔地宫中。宝塔为银片

制作，塔身平面呈八角形，由塔基、塔身、塔顶、塔刹四部分组成。塔基饰有双层莲花瓣，塔身呈四层飞檐状，塔顶较平，塔顶八个角挂三角形银片以示风铎，覆钵式塔刹[1]。

② 六边形宝塔

多边形宝塔中以六边形塔最为多见，塔身多为单层，多层塔最多不超过三层。此类型宝塔均是由塔座、塔身、塔顶、塔刹四部分组成的仿楼阁式宝塔，宝塔平面呈六边形，宝塔极其精美，工艺繁复、精湛。根据塔的整体形态又可分为单层塔和多层塔两种：

六边形单层塔

此型宝塔在塔座形态及整体形态上有所差别，故又可分为两型：

A型，宝塔塔座矮而宽，塔身瘦高，造型纤巧玲珑。内蒙古巴林右旗庆州白塔出土了1件此型的鎏金银塔。塔表采用了错金或局部鎏金工艺。塔座为圆形重台式。塔檐、塔顶覆钵联体。塔刹以仰覆莲台作刹座，刹杆串以三珠三盖。刹顶饰一凤凰，口衔璎珞。塔前嵌置一镀金立像。塔内藏银板陀罗尼咒"上京善友记"[2]。

B型，此型宝塔为须弥座，整体形制相对较矮宽。河北易县净觉寺舍利塔出土了1件此型银塔，塔为六面台阶式须弥座。塔身六隅施圆柱，柱用阴线刻出。塔顶为单层六角攒尖式檐。刹座由两层莲花瓣组成，上托葫芦形宝瓶[3]。

六边形多层塔

此型塔仅辽宁朝阳北塔中出土三层鎏金银塔1件。此塔塔表采用银鎏金工艺，塔座为六角形须弥座。座上套安三重鎏金银塔檐，塔檐为六角攒尖式。塔身分别錾刻坐佛、六佛梵文"种子"以及"六字真言"。刹顶由覆莲、覆钵、火焰、宝珠、伞盖、月轮等组成[4]。

③ 四边形宝塔

仅辽宁朝阳北塔天宫中出土1件。此塔为方形单层檐金舍利塔。塔为三层台阶式须弥座，座上置单层八瓣金莲座。塔身四角

[1] 沈阳市文物考古研究所：《沈阳新民辽滨塔塔宫清理简报》，《文物》2006年第4期。

[2] 德新、张汉君、韩仁信：《内蒙古巴林右旗庆州白塔发现辽代佛教文物》，《文物》1994年第12期。

[3] 河北省文物管理处：《河北易县净觉寺舍利塔地宫清理记》，《文物》1986年第9期。

[4] 辽宁省文物考古研究所、朝阳市北塔博物馆：《朝阳北塔考古发掘与维修工程报告》，文物出版社，2007年，第67页。

[5] 辽宁省文物考古研究所、朝阳市北塔博物馆：《朝阳北塔考古发掘与维修工程报告》，文物出版社，2007年，第67页。

[6] 辽宁省文物考古研究所、朝阳市北塔博物馆：《朝阳北塔考古发掘与维修工程报告》，文物出版社，2007年，第67页。

[7] 北京市文物工作队：《顺义县辽净光舍利塔基清理简报》，《文物》1964年第8期。

[8] 朱天舒著：《辽代金银器》，文物出版社，1998年，第5页。

[9] 齐心、刘精义：《北京市房山县北郑村辽塔清理记》，《考古》1980年第2期。

[10] 沈阳市文物考古研究所：《沈阳新民辽滨塔塔宫清理简报》，《文物》2006年第4期。

[11] 辽宁省文物考古研究所、朝阳市北塔博物馆：《朝阳北塔考古发掘与维修工程报告》，文物出版社，2007年，第77页。

[12] 辽宁省文物考古研究所、朝阳市北塔博物馆：《朝阳北塔考古发掘与维修工程报告》，文物出版社，2007年，第77页。

[13] 辽宁省文物考古研究所、朝阳市北塔博物馆：《朝阳北塔考古发掘与维修工程报告》，文物出版社，2007年，第77页。

[14] 1989年维修辽阳白塔时发现于塔顶宝珠内，资料未发表，现藏于辽阳博物馆。

[15] 齐心、刘精义：《北京市房山县北郑村辽塔清理记》，《考古》1980年第2期。

[16] 辽宁省文物考古研究所、朝阳市北塔博物馆：《朝阳北塔考古发掘与维修工程报告》，文物出版社，2007年，第77页。

刻出圆形倚柱，四面及北侧内面各刻一尊坐佛。单层塔檐，脊上和檐下饰珍珠流苏及云形金饰。刹顶置金莲座，座下饰珍珠，上安金宝珠[5]。

（2）圆体塔

仅辽宁朝阳北塔天宫中出土的金银经塔1件。由炉盆、莲座、塔身、顶盖四部分组成，炉盆铜质，盖上铆接仰莲银座，座内置单层八瓣金莲叶，座上安塔身。塔身由四重金、银片制作的圆筒套装而成，内藏银经卷[6]。

除以上形制的金银宝塔外，还发现有1件银座水晶佛塔[7]，另外辽宁阜新新营子辽塔塔基也发现有金塔、银塔各1件[8]。

2. 法器

（1）佛幡

佛幡由幡座、幡杆、幡三部分组成。依据造型不同，分为两型：

A型，北京房山北郑村辽塔出土银佛幡4件，佛幡由錾花银片构成，插在刻莲瓣纹八角形砖座上[9]。

B型，辽宁沈阳新民辽滨塔地宫出土银龙首珍珠佛幡1件，幡首为龙首，幡杆底为圆角方形平座。幡顶部为三角形錾祥云纹薄银片，下挂垂链帘式珍珠幡[10]。

（2）法轮

已发现的金银法轮，法轮之毂中部突起，镶嵌珍珠或装饰为莲花芯，毂缘作莲瓣状。法轮有杵形幅6条或8条，间饰云纹。辋2道，錾刻莲花、刺点和杵形纹饰等做装饰。轮下一般还连接有金刚杵。辽宁朝阳北塔天宫中出土有金法轮2件，鎏金银法轮1件[11]。

除佛幡、法轮外，发现的法器还有银金刚杵1件[12]、银杖首1件[13]、银禅杖1件[14]、银宝花2件[15]、银菩提树4棵[16]。

3. 舍利函

舍利函一般都为铜、银、金成套出土，最外层为铜函，中、内层为金或银函。依据函体形状可分为三类：

（1）方体舍利函。吉林农安万金塔基出土 1 件银舍利函，薄银片制作，子母扣接合，方体，截尖四棱锥形盖[17]。

（2）八棱状舍利函。吉林农安万金塔基出土 1 件银舍利函[18]，亦为薄银片制作，八棱柱状体，八棱锥形盖。

（3）圆体舍利函

金质或银质，函身截面为圆形，大口，尖唇，广肩，斜腹，平底，有盖。辽宁沈阳新民辽滨塔中出土此类金函、银函各 1 件[19]。

4. 经板

目前发现的经板，金银材质均有，其中银板刻经数量居多。辽宁的阜新新营子辽塔[20]、新民辽滨塔[21]、朝阳北塔[22]，内蒙古巴林右旗庆州白塔[23]均有出土。

除上述宗教用器外，辽宁朝阳北塔天宫中还出土有木胎银棺和金盖玛瑙舍利罐各 1 件[24]。

（二）供养器皿

1. 容器类

（1）碟

出土数量较多，目前共计发现 22 件，均为银质圆形花口式碟，平底，浅腹，多为素面。根据银碟口部形状的不同，可分为三型：

A 型，六瓣花式口银碟。内蒙古巴林右旗庆州白塔出土 8 件，器表光素[25]。

B 型，八瓣花式口银碟。北京房山北郑村辽塔出土 6 件，器表光素[26]。

C 型，十三瓣花式口银碟。辽宁朝阳北塔天宫出土 8 件，碟内底錾刻一团龙[27]。

（2）碗

共出土 3 件，均为银质，平底，圈足，素面。根据碗口形制又可分为两型：

[17] 刘振华：《农安万金塔基出土文物》，《文物》1973 年第 8 期。

[18] 刘振华：《农安万金塔基出土文物》，《文物》1973 年第 8 期。

[19] 沈阳市文物考古研究所：《沈阳新民辽滨塔塔宫清理简报》，《文物》2006 年第 4 期。

[20] 朱天舒：《辽代金银器》，文物出版社，1998 年，第 5 页。

[21] 沈阳市文物考古研究所：《沈阳新民辽滨塔塔宫清理简报》，《文物》2006 年第 4 期。

[22] 辽宁省文物考古研究所、朝阳市北塔博物馆：《朝阳北塔考古发掘与维修工程报告》，文物出版社，2007 年，第 69 页。

[23] 德新、张汉君、韩仁信：《内蒙古巴林右旗庆州白塔发现辽代佛教文物》，《文物》1994 年第 12 期。

[24] 辽宁省文物考古研究所、朝阳市北塔博物馆：《朝阳北塔考古发掘与维修工程报告》，文物出版社，2007 年，第 67 页。

[25] 德新、张汉君、韩仁信：《内蒙古巴林右旗庆州白塔发现辽代佛教文物》，《文物》1994 年第 12 期。

[26] 齐心、刘精义：《北京市房山县北郑村辽塔清理记》，《考古》1980 年第 2 期。

[27] 辽宁省文物考古研究所、朝阳市北塔博物馆：《朝阳北塔考古发掘与维修工程报告》，文物出版社，2007年，第77页。

[28] 德新、张汉君、韩仁信：《内蒙古巴林右旗庆州白塔发现辽代佛教文物》，《文物》1994年第12期。

[29] 齐心、刘精义：《北京市房山县北郑村辽塔清理记》，《考古》1980年第2期。

[30] 河北省文物管理处：《河北易县净觉寺舍利塔地宫清理记》，《文物》1986年第9期。

[31] 德新、张汉君、韩仁信：《内蒙古巴林右旗庆州白塔发现辽代佛教文物》，《文物》1994年第12期。

[32] 辽宁省文物考古研究所、朝阳市北塔博物馆：《朝阳北塔考古发掘与维修工程报告》，文物出版社，2007年，第67页。

[33] 河北省文物管理处：《河北易县净觉寺舍利塔地宫清理记》，《文物》1986年第9期。

[34] 北京市文物工作队：《顺义县辽净光舍利塔基清理简报》，《文物》1964年第8期。

[35] 北京市文物工作队：《顺义县辽净光舍利塔基清理简报》，《文物》1964年第8期。

[36] 郑恩淮：《应县木塔发现佛家七宝与佛牙舍利》，《昭乌达蒙族师专学报》（哲学社会科学版）1987年第4期。

A型，圆口银碗。内蒙古巴林右旗庆州白塔出土2件[28]。

B型，葵口银碗。北京房山北郑村辽塔出土1件，口为八瓣葵口形[29]。

（3）瓶

共出土4件，金银材质均有，皆带盖，瓶身光素。根据瓶身形状的差异可分为三型：

A型，大口束颈鼓腹金瓶。河北易县净觉寺舍利塔地宫出土2件，均带盖，形制略有不同：一为敞口，宽沿，圆肩，平底，最大径在肩部，盖呈半球形，上饰旋纹，周缘饰莲瓣形图案，盖纽回曲向上；另一为敞口，折沿，鼓腹，浅圆足，最大径在腹部，盖呈半球形，素面无纹饰，盖纽回曲弯向一侧[30]。

B型，细长颈银瓶。内蒙古巴林右旗庆州白塔出土1件，直口，细长颈，溜肩，鼓腹，细颈，平底，瓶盖为五瓣如意花式，正中蕊心作弯头状[31]。

C型，筒形银瓶。辽宁朝阳北塔天宫出土1件，圆筒形，平底，向上渐细，莲花形盖，环纽[32]。

（4）盒

共出土8件，皆为银质，根据银盒形状可分为圆盒、花式盒、链盒三大类。

①圆盒

盒的形状为圆形，根据盒底形状又可分为两型：

A型，平底圆银盒。盒为直口，平底，盖呈半球形。河北易县净觉寺舍利塔地宫出土1件，盖及盒的近口部饰一周忍冬纹，盖顶部装饰双鸾鸟纹[33]。北京顺义净光舍利塔出土3件，其中1件盖顶压制花蒂纹，余皆素面[34]。

B型，圈足圆银盒。盒为直口，圈足，盖呈半球形。北京顺义净光舍利塔地宫出土2件，其中一件盖顶压制凤纹[35]。

②花式盒

山西应县木塔中出土有六曲银盒1件，为六瓣形圈足[36]。

③链盒

辽宁朝阳北塔天宫中出土了1件八曲型童子纹银链盒，盒作椭圆形，两瓣口合而成，盒面分别捶揲有三个童子及云纹图案，盒上端系有银链[37]。

（5）银钵1件，敛口，尖底，素面，出土于河北易县净觉寺舍利塔地宫[38]。

（6）银托盏1套，托为高圈足浅盘，盘为六曲花式口，盏直口，鼓腹，平底，盏的上部和托盘的宽沿上都饰一周忍冬纹图案，出土于河北易县净觉寺舍利塔地宫[39]。

2. 工具类

（1）匙

出土2件，皆为银质，形制基本接近，椭圆形勺面，细长柄，尾端稍宽，其中河北易县净觉寺舍利塔出土的为素面[40]，内蒙古巴林右旗庆州白塔出土的匙面錾刻"千年万载"[41]。佛塔中出土的匙一般都为盛取舍利之用。

（2）箸

河北易县净觉寺舍利塔中出土银箸1双，为上粗下细圆柱形[42]。

（3）灯

仅河北易县净觉寺舍利塔出土1套，银质，由灯盏、灯座两部分组成。灯座敞口，宽沿，高圈足，长柄；灯盏为六曲花式口，宽沿，斜直腹，圈足，沿上饰一周忍冬纹图案[43]。

3. 装饰品类

出土数量较少，见有耳饰、指环。

（1）耳饰

辽宁朝阳北塔天宫出土金耳坠1对，柳叶形，透雕牡丹、蝴蝶纹饰[44]。

（2）指环

辽宁朝阳北塔天宫出土金指环2件，为金丝弯成[45]。

另外，北京顺义辽净光舍利塔中还出土了1件长条形银饰。

除了上述的三类金银供养器外，在辽代佛塔中还有一些零散的金银器，如北京房山北郑村辽塔出土有银棍4根[46]，河北易县

[37] 辽宁省文物考古研究所、朝阳市北塔博物馆：《朝阳北塔考古发掘与维修工程报告》，文物出版社，2007年，第77页。

[38] 河北省文物管理处：《河北易县净觉寺舍利塔地宫清理记》，《文物》1986年第9期。

[39] 河北省文物管理处：《河北易县净觉寺舍利塔地宫清理记》，《文物》1986年第9期。

[40] 河北省文物管理处：《河北易县净觉寺舍利塔地宫清理记》，《文物》1986年第9期。

[41] 德新、张汉君、韩仁信：《内蒙古巴林右旗庆州白塔发现辽代佛教文物》，《文物》1994年第12期。

[42] 河北省文物管理处：《河北易县净觉寺舍利塔地宫清理记》，《文物》1986年第9期。

[43] 河北省文物管理处：《河北易县净觉寺舍利塔地宫清理记》，《文物》1986年第9期。

[44] 辽宁省文物考古研究所、朝阳市北塔博物馆：《朝阳北塔考古发掘与维修工程报告》，文物出版社，2007年，第67页。

[45] 辽宁省文物考古研究所、朝阳市北塔博物馆：《朝阳北塔考古发掘与维修工程报告》，文物出版社，2007年，第67页。

[46] 齐心、刘精义：《北京市房山县北郑村辽塔清理记》，《考古》1980年第2期。

[47] 河北省文物管理处：《河北易县净觉寺舍利塔地宫清理记》，《文物》1986年第9期。

[48] 郑恩淮：《应县木塔发现佛家七宝与佛牙舍利》，《昭乌达蒙族师专学报》（哲学社会科学版）1987年第4期。

[49] 张景明：《辽代金银器研究》，文物出版社，2011年，第81页。

[50] 张景明：《辽代金银器的特征及造型艺术》，《大连大学学报》2006年第1期。

净觉寺舍利塔出土有银器盖1件、银器座1件[47]，山西应县木塔出土的银箔2块、金币2枚[48]。

二、辽代佛塔中出土金银器的分期及特征

辽代佛塔中出土的金银器，从地域上看分布于今北京、河北、内蒙古、辽宁及吉林等地，其中辽东京辽阳府地区，即今辽宁地区最为集中，品质也最为上乘。辽代金银器的分期，目前学术界较为认可的是张景明先生的三期分法，他认为辽代金银器的分期不能完全等同于历史分期，其通过对实物的对比研究，将辽代金银器的发展分为以下三期[49]：

早期：辽太祖至圣宗时期（907—1030）。在这一时期的后段金银质佛教用具开始出现，但器型简单，未见金器，盒多采用单区环带夹点的装饰手法，装饰纹样则为动物、花卉纹，多采用模冲工艺。如北京顺义净光舍利塔出土的银盒，在盒盖中心装饰凤纹或花蒂纹，盒盖沿四周饰条带形花卉纹。这一时期的器物主要出土于北京顺义辽净光舍利塔。

中期：兴宗时期（1031—1055），这一时期由于辽朝政府下令禁止随葬金银器，且辽统治者大力推崇佛教，致使金银质佛教用具大量出现。佛塔中出土的金银器无论是在数量上，还是在器类上都达到了高峰，除了宝塔与供养器皿外，还出现了佛幡、法轮、金刚杵、禅杖等法器。单点装饰和满地装饰的纹饰布局方法仍在使用[50]，但与早期相比纹饰更简单明了。这一时期开始出现佛教图案题材，并占据了主导地位，如佛像、四天王、力士、莲花、梵文等。这一时期佛塔中的金银器制作工艺精湛，采用了线刻、镂雕、錾刻、银鎏金等技法，并新增了错金工艺。这一时期的器物主要出土于辽宁朝阳北塔、内蒙古巴林右旗庆州白塔、北京房山北郑村辽塔以及吉林农安万金塔。

晚期：道宗、天祚帝时期（1055—1125），这一时期的器物金器减少，银器占大宗。在器类上，专门的宗教用品种类减少，供养器皿种类增多。纹饰以动、植物纹为主，不见佛像、梵文

[51] 张景明：《辽代金银器中之西方文化和宋文化因素》，《内蒙古大学艺术学院学报》 2006 年第 1 期。

等佛教图案题材，素面器比重增加。宝塔制作明显比中期要粗犷、简单。这一时期的器物主要出土于河北易县净觉寺舍利塔，辽宁阜新新营子辽塔、新民辽滨塔、山西应县木塔等。

而若从历史分期的角度来看，辽代佛塔中的金银器绝大多数处于辽代中期，少量属于辽代晚期。

三、 辽代佛塔中出土金银器的文化因素

辽代金银器在整个发展过程中受到了多种文化因素的影响，唐文化、宋文化、鲜卑文化、突厥文化、波斯文化、粟特文化等。其中对辽代金银器影响最深的便是唐文化和宋文化。唐代是我国金银发展的巅峰时期，对后世金银器发展有着深远影响。辽统治者对外来文化实行开明的政策，这就使得辽代金银器在早中期的发展过程中，在造型、装饰、工艺上都吸收了唐文化因素。辽代中、晚期，随着辽宋之间频繁的经济、文化交流，宋文化因素开始渗透，并逐步在辽代金银器中、晚期的发展中起主要作用。具体在辽代佛塔中金银器的整个发展过程中，宋文化因素表现的更加显著。主要表现在器物造型上，宋代金银器的一个显著特点就是仿生多变的造型[51]。曲口分瓣随意，瓣数增多，在辽宁朝阳北塔天宫中出土了十三瓣花口团龙银碟。辽代佛塔中出土的金银宝塔以六边形最为多见，这与宋塔相似。

辽代已有佛家七宝之说，虽然在《佛本行集经》《佛说无量寿经》《大般若经》《阿弥陀经》等诸多佛经中对于七宝的组成说法不甚一致，但金、银在佛家七宝中居首位和次之的地位是毋庸置疑的。用金银来制作佛像、法器、经卷及供养器皿等，也从侧面反映出了辽人对佛教的尊崇和重视程度。辽代佛塔中出土的这些金银器也印证了辽代佛教的兴盛。

山西南部地区金代墓葬浅析

［1］ 王祺祯：《山西金代墓葬建筑形制与礼
制探析》， 太原理工大学 2011 级硕士
学位论文。

［2］ 任林平：《晋中南地区宋金墓葬研究》，
南京大学 2009 级硕士学位论文。

穆洁

山西是金代墓葬发现数量较多的地区之一。因地理环境、民族传统、社会发展不平衡等缘故，山西各地的金墓在形制与结构、装饰手法与题材上也存在一定差异。

秦汉时期，山西经济最先发展起来的地区就是晋南盆地，直至宋代，大部分农区仍主要集中于汾河流域和晋东南地区。金与南宋对峙时期，天然的地理屏障为这里营造出相对封闭的环境，为社会安定、生产恢复发挥了重要作用，有利于地域特征相对稳定的文化产生。加上墓室营造的传统与模制砖雕的大量生产，促成了本区金墓的繁荣[1]。

本文所述山西南部，包括临汾、运城、晋城、长治等地，通过分析主要墓葬类型的形制与装饰特点，解读其发展特征与文化因素，进而揭示背后所蕴含的社会学意义。

一、 形制分类与装饰特点

宋金时期，北方墓葬普遍使用仿木结构，最具代表性的就是仿木构砖室墓。山西南部正处于仿木构砖室墓的中心区域，由于所处地域相对封闭且远离政权中心，故更加平民化，更能反映当时中下层平民的社会文化生活[2]。

本区金代仿木构砖室墓大致可分为方形和多角形两种：方形仿木构砖室墓在数量上占主导地位，具体又可分为单室墓和多室墓两种；多角形仿木构砖室墓可分为六角形和八角形两种。

1. 方形仿木构砖室墓

（1）方形单室墓。可细分为：

① 近正方形单室墓

主要分布于运城、长治地区。门洞两侧雕板门或格子门，四隅角柱上依次置普柏枋、斗拱。

长治地区以壁画为主[3]，四壁及墓顶皆有彩色壁画，流行墓主夫妇宴饮、对坐题材，孝悌图占有较大比重，且多完整、成套的作品；运城地区[4]以砖雕为主。

② 长方形单室墓

主要分布于运城、长治、临汾地区。四壁皆仿木结构，角柱上依次或绘或砌普柏枋、斗拱、飞檐、板瓦等。墓内装饰可分为全壁画、全砖雕以及先砌门窗、桌椅再施彩画几种类型，也有壁面光素、无斗拱或仅砌一斗三升仿木构斗拱、板门、格子窗的墓葬。

侯马、稷山、襄汾地区[5]以砖雕为主；闻喜地区[6]多为砖雕与壁画相结合；侯马、稷山地区[7]装饰较为简单。

（2）方形多室墓。又可分为：

① 主、侧室结构

晋东南、晋西南都有发现，墓室由主室、侧（耳）室构成，侧（耳）室经甬道与主室相连，侧（耳）室直接辟门于主室墓壁上。主室为仿木构形式，角柱上承雀替、普柏枋、斗拱、橑檐枋、椽头、瓦垄等。侧（耳）室一般结构简单，无仿木构装饰，但有个别侧（耳）室砌门窗，雕刻或绘制花卉、孝行图等[8]。

② 前、后室结构

主要分布于晋西南地区。前室一般为仿木构形式，角柱上依次置普柏枋、斗拱、橑檐枋、椽头、瓦垄等，有的墓壁底部砌须弥座。后室或有仿木构装饰，或简单无装饰。墓壁装饰多为孝行图、花卉、伎乐图、门窗、灯擎等[9]。有的前室带左、右两耳室或多个耳室，耳室多无装饰。

多室墓的建筑结构及丧葬形态，既反映了金代富裕家庭的生活状况，也反映了女真统治下黄河中下游地区居民聚族而居的社会风习[10]。

［3］ 山西省考古研究所晋东南工作站：《山西长子县石哲金代壁画墓》，《文物》1985年第6期；王秀生：《山西长治李村沟壁画墓清理》，《考古》1965年第7期。

［4］ 山西省考古研究所、山西省闻喜县博物馆：《山西省闻喜县金代砖雕、壁画墓》，《文物》1986年第12期；山西省文管会侯马工作站：《侯马金代董氏墓介绍》，《文物》1959年第6期；吕遵谔：《山西垣曲东埔村的金墓》，《考古通讯》1956年第1期。

［5］ 山西省考古研究所侯马工作站：《侯马两座金代纪年墓发掘报告》，《文物季刊》1996年第3期；山西省考古研究所：《山西稷山金墓发掘简报》，《文物》1983年第1期。

［6］ 山西省考古研究所侯马工作站：《多姿多彩的金墓砖雕——闻喜中庄金墓》，《文物世界》2001年第6期；闻喜县博物馆：《山西闻喜寺底金墓》，《文物》1988年第7期。

［7］ 山西省考古研究所：《山西稷山金墓发掘简报》，《文物》1983年第1期；山西省文物管理委员会：《山西侯马金墓发掘简报》，《考古》1961年第12期。

［8］ 运城行署文化局、绛县博物馆：《山西绛县下村发现一座砖雕墓》，《考古》1993年第7期；山西省文物管理委员会：《山西侯马金墓发掘简报》，《考古》1961年第12期；长治市博物馆：《山西长治市故漳金代纪年墓》，《考古》1984年第8期；长治市博物馆：《山西长子县小关村金代纪年壁画墓》，《文物》2008年第10期。

[9] 山西省考古研究所：《山西新绛南范庄、吴岭庄金元墓发掘简报》，《文物》1983 年第 1 期；临汾地区丁村文化工作站：《山西襄汾县南董金墓清理简报》，《文物》1979 年第 8 期；山西省考古研究所侯马工作站：《侯马 102 号金墓》，《文物季刊》1997 年第 4 期。

[10] 卢青峰：《金代墓葬探究》，郑州大学 2004 级硕士学位论文。

[11] 山西省考古研究所、戴尊德：《山西襄汾金墓清理简报》，《文物》1989 年第 10 期。

[12] 李慧：《山西襄汾侯村金代纪年砖雕墓》，《文物》2008 年第 2 期；山西省考古研究所侯马工作站：《侯马乔村金元墓》，《文物世界》1996 年第 3 期；商彤流、郭海林：《山西沁县发现金代砖雕墓》，《文物》2000 年第 6 期。

[13] 宿白：《白沙宋墓》，文物出版社，1957 年，第 33—34 页。

[14] 易晴：《宋金中原地区壁画墓"墓主人对（并）坐"图像探析》，《中原文物》2011 年第 2 期。

[15] 袁泉：《从墓葬中的"茶酒题材"看元代丧葬文化》，《边疆考古研究》第 6 辑，科学出版社，2007 年，第 329—349 页。

[16] 山西省考古研究所侯马工作站：《侯马 102 号金墓》，《文物季刊》1997 年第 4 期；山西省考古研究所、山西省闻喜县博物馆：《山西省闻喜县金代砖雕、壁画墓》，《文物》1986 年第 12 期；山西省考古研究所侯马工作站：《山西稷山马村 4 号金墓》，《文物季刊》1997 年第 4 期。

[17] 山西省考古研究所侯马工作站：《侯马乔村金元墓》，《文物世界》1996 年第 3 期；闻喜县博物馆：《山西闻喜下阳村宋金时期墓》，《文物》1990 年第 5 期。

[18] 任林平：《晋中南地区宋金墓葬研究》，南京大学 2009 级硕士学位论文。

2.多角形仿木构砖室墓

（1）六角形单室墓

主要分布于襄汾地区，墓室六角砌角柱，上依次承普柏枋、阑额、斗拱、橑檐枋、椽瓦等。装饰以砖雕为主[11]。

（2）八角形单室墓

零星发现于襄汾、侯马、沁县等地，有的墓门为仿木构门楼，室内各隅砌角柱，上依次承普柏枋、阑额、斗拱、橑檐枋等，有的四壁光素，仅在角柱上托一斗三升拱。装饰以砖雕为主[12]。

金墓装饰之风盛行，砖雕、壁画相结合的方式也较常见，两者互为补充，构成金代仿木构砖室墓的一个重要特点。

二、 装饰题材分类与特征

墓壁装饰是本区金墓的营造重点，题材丰富，主要类别有：

1. 墓主人

宿白先生曾提出了"开芳宴"的概念[13]，之后有学者进一步发展了这种观点，指出该题材虽以开芳宴的形式表现，但墓主人的造（画）像代表其灵魂，核心寓意应是为墓主人设置的灵位[14]。同时借由桌、椅及桌上摆放的器皿、花卉等体现出祭祀先祖的丧葬礼仪功能，突破外在形貌而注重祭祀、供养的内涵[15]。根据墓主人形象的差异，又可分为宴饮、对坐、并坐三类[16]，砖雕、壁画皆有。还有一少部分仅在墓壁上雕刻（或以墨线勾绘）出一桌二椅而不见墓主夫妇，或男（女）墓主一人[17]。随着社会进步，桌椅除满足生活需求外，还不可避免地参与到礼仪活动中。桌椅与人的组合逐渐成为许多礼仪场合的象征，虽然最后简化为只有桌椅没有人物，但桌椅出现在墓室的突出位置本身就是对墓主形象的一种抽象简化表达[18]。

2. 妇人启门

主要表现为两扇门板,其中一扇微掩,一名妇人立于两扇门之间。砖雕形式以妇人侧身站立于门间最为常见,多与门呈一体,也有以单独立式俑的形式出现。壁画形式的妇人有两种体态:一种为上半身侧探而出;另一种侧身站立于门间,或手持壶、抱婴[19]。

3. 孝行人物

现实生活中的道德观念和意识形态在丧葬习俗中的直观表现就是"二十四孝"故事广泛流传[20]。在山西南部出现频率较高,鲜见于别地。少则两幅,多则十几幅,其中不乏整套者,砖雕[21]、壁画[22]皆有。砖雕多伴彩绘,孝行壁画在晋东南金墓中十分盛行,画法相对程式化,一般出现于东、西、北壁中部靠上的位置,阑额、拱眼壁之下、门窗之间或之上等处,多存在重复、缺失的现象;而晋西南地区则多出现于四壁普柏枋之下和壁面边缘位置,为并列或辅助装饰,地位并不突出。

此外,永济县曾出土一具海陵王时期的青石棺[23],左右棺壁上刻有整套"二十四孝"题材;稷山县马村 M4 中出土了完整的"二十四孝"立体圆雕俑。

4. 杂剧表演

山西南部最具特色的装饰题材之一。数量很多,多为砖雕,个别为陶俑模型,通常四至五人一组,有的还伴随乐队演出[24];壁画形式不多见[25]。多出现在棺床[26]或墓主人[27]所在壁面的相对位置,构成墓主观戏的模式。

宋金平民墓葬中普遍出现此类题材,有学者认为是民俗文化阶段开始的标志[28],也有学者认为这既是当时世俗娱乐的反映,也是一种重要的酬神娱鬼方式,可能还包含着某种祭祖祈福的礼仪功能[29]。山西南部作为金朝北方戏曲圈发展的重心之一,墓室装饰既有表现"金院本"杂剧的人物和情境,还有舞台,生动再现了当时杂剧艺术的繁荣景象[30]。

[19] 山西省考古研究所、山西省闻喜县博物馆:《山西省闻喜县金代砖雕壁画墓》,《文物》1986 年 12 期;山西省考古研究所:《山西襄汾金墓清理简报》,《文物》1989 年第 10 期;长治市博物馆、王进先、朱晓芳:《山西长治安昌金墓》,《文物》1990 年第 5 期。

[20] 董新林:《北宋金元墓葬壁饰所见"二十四孝"故事与高丽〈孝行录〉》,《华夏考古》2009 年第 2 期。

[21] 商彤流、郭海林:《山西沁县发现金代砖雕墓》,《文物》2000 年第 6 期;山西省考古研究所:《山西新绛南范庄、吴岭庄金元墓发掘简报》,《文物》1983 年第 1 期;山西省考古研究所侯马工作站:《山西稷山马村 4 号金墓》,《文物季刊》1997 年第 4 期;山西省考古研究所:《山西稷山金墓发掘简报》,《文物》1983 年第 1 期;长治市博物馆:《山西长治魏村金代纪年彩绘砖雕墓》,《考古》2009 年第 1 期。

[22] 山西省考古研究所晋东南工作站:《山西长子县石哲金代壁画墓》,《文物》1985 年第 6 期;长治市博物馆、王进先、朱晓芳:《山西长治安昌金墓》,《文物》1990 年第 5 期;王进先、杨林中:《山西屯留宋村金代壁画墓》,《文物》2003 年第 3 期。

[23] 张青晋:《山西永济发现金代贞元元年青石棺》,《文物》1985 年第 8 期。

[24] 闻喜县博物馆:《山西闻喜寺底金墓》,《文物》1988 年第 7 期;山西省考古研究所:《山西稷山金墓发掘简报》,《文物》1983 年第 1 期;山西省考古研究所:《山西侯马 104 号金墓》,《考古与文物》1983 年第 6 期。

[25] 山西省考古研究所侯马工作站:《多姿多彩的金墓砖雕——闻喜中庄金墓》,《文物世界》2001 年第 6 期;王进先、杨林中:《山西屯留宋村金代壁画墓》,《文物》2003 年第 3 期;山西省考古研究所、长治市文物旅游局等:《山西壶关县上好牢村宋金时期墓葬》,《考古》2012 年第 4 期。

［26］山西省考古研究所、长治市文物旅游局
等：《山西壶关县上好牢村宋金时期墓
葬》，《考古》2012 年第 4 期。

［27］山西省考古研究所：《山西稷山金墓发掘
简报》，《文物》1983 年第 1 期。

［28］廖奔：《宋金元仿木结构砖雕墓及其乐舞
装饰》，《文物》2000 年第 5 期。

［29］张帆：《豫北和晋南宋金墓杂剧形象的比
较研究》，《中原文物》2009 年第 4 期。

［30］景李虎：《宋金杂剧概论》，广东高等教
育出版社，1998 年，第 10—21 页。

［31］商彤流等：《长治市北郊安昌村出土金代
墓葬》，《文物世界》2003 年第 1 期；闻
喜县博物馆：《山西闻喜寺底金墓》，《文
物》1988 年第 7 期；山西省考古研究所：
《山西新绛南范庄、吴岭庄金元墓发掘
简报》，《文物》1983 年第 1 期；山西省
考古研究所：《山西襄汾金墓清理简报》，
《文物》1989 年第 10 期。

［32］张德光：《山西绛县裴家堡古墓清理简报》，
《考古通讯》1955 年第 4 期；王进先、杨
林中：《山西屯留宋村金代壁画墓》，《文
物》2003 年第 3 期。

［33］李慧：《山西襄汾侯村金代纪年砖雕墓》，
《文物》2008 年第 2 期；山西省考古研究
所：《平阳金墓砖雕》，山西人民出版社，
1999 年 6 月。

［34］郝军军：《金代墓葬的区域性及相关问题
研究》，吉林大学 2013 级博士学位论文。

［35］许若茜：《山西金墓分区分期研究》，中
央民族大学 2008 级硕士学位论文。

［36］裴志昂：《试论晚唐至元代仿木构墓葬
的宗教意义》，《考古与文物》2009 年第
4 期；任林平：《晋中南地区宋金墓葬研
究》，南京大学 2009 级硕士学位论文。

5. 散乐

主要展现乐器演奏和舞蹈表演的情形，砖雕、壁画皆有，人物或单一性别，或男女搭配，少则四五人，多则十几人，常使用不同的乐器组合[31]，一般与墓主所在壁面相对，应也是为服务墓主而设。

6. 生活劳作

以砖雕形式表现的主要有庖厨、饮茶、推磨、舂米、梳妆、育婴等，壁画大多与砖雕同类题材相同，但内容更加多样化，如烧火、挑水、熨帛、晒衣、温酒、进膳、备马等[32]。位置并不固定，但一般都在壁面稍靠下的部位，围绕墓主人展开。

运城、临汾地区装饰题材最为丰富，砖雕为主，彩绘为辅。砖雕制作自大定中期起更为复杂精致。这里是砖雕工艺最发达的地区之一，模制十分普遍，在同一座墓乃至不同墓葬中均有发现[33]，具有规格统一、图案重复等特点[34]。墓室主要壁面多饰墓主形象，散乐、杂剧等题材多与之相对，孝悌题材不多。装饰一般分三个层次：下层砌须弥座，中层为主体部分，部分墓葬上层拱眼壁周围还砌"二十四孝"图、八仙，但多不成套出现[35]。

长治、晋城地区以壁画为主，兼少量砖雕。孝悌题材盛行，占据大部分空间，多见完整的"二十四孝"图，诸如庖厨、汲水等表现世俗生活的片段式场景是本区特色题材。多室墓流行，方形单室墓常带壁龛，耳室和壁龛占用壁面空间，导致绘图区域缩小，多数只保留孝悌图，不见其他题材。

山西南部金墓随葬品种类和数量都很少，当与墓室装饰题材不断丰富有关，很多具有丧葬功能的物品都以砖雕或壁画来体现，虽形式不同，但内在含义往往是相同的[36]。

三、 墓葬分期与特征

本区金墓多纪年明确，基本能反映仿木构砖室墓的大致演变情况。可分为三个时期：

金灭辽至海陵王时期（1125—1160）。与北宋晚期本区流行的墓葬形制一脉相承[37]，以方形仿木构单室墓为主[38]，另有少量多室墓[39]。四壁多仿木结构，各隅角柱上依次承阑额、普柏枋、斗拱、橑檐枋、椽头、板瓦等。壁画比例大于砖雕，题材多为墓主人、孝行图、妇人启门图等，门额、格子门等装饰较简单。

世宗至章宗承安五年（1161—1200）。本区金墓风格的形成时期。墓壁下方多砌须弥座，素面者居多[40]。运城地区，方形仿木构单室墓仍占主体地位，八角形单室墓数量有所增多，长治、晋城地区方形仿木构多室墓也比早期增多。砖雕比例大于壁画，题材更为广泛，整体装饰出现程式化趋势[41]，上、中、下三层的布局方式逐渐普遍，在明昌之后达到顶峰[42]。墓主夫妇搭配一桌二椅的题材较多，主要见于闻喜、垣曲地区，另有墓主夫妇坐于椅上，两人间无桌但以门或窗隔开的形式[43]；妇人启门图不多，主要见于闻喜地区；孝行图多集中于闻喜、襄汾等地，长子、故漳也有发现，多见于拱眼壁、格子门、窗等处；杂剧、伎乐题材多集中于襄汾、闻喜、侯马等地。

章宗泰和元年至金灭国（1201—1234）。方形仿木构单室墓数量最多，多室墓较中期有所增多，主要集中于襄汾、新绛地区，多角形单室墓主要集中于襄汾、侯马地区。装饰仍以砖雕为主，墓主人题材多为手持念珠、经卷的造型；妇人启门图形式多样，如持壶启门、抱婴启门等；常见孝子、散乐、杂剧题材等，舞台、屏风、瑞兽、花卉及反映生活场景的题材增多。本期显著特征即装饰变得繁缛华丽，须弥座处的装饰较中期明显增多，常见花卉、力士、童子、飞仙、狮子衔绣球等，墓顶出现八仙人物。

四、 文化因素分析

唐宋时期佛教发展至鼎盛阶段，本区金墓中的石经幢，送葬图[44]，墓主手捧佛像，作礼佛状[45]，或分持经卷、念珠对坐图，墓顶绘莲花等，盛行火葬，都反映了佛教对世人丧葬观的深远影

[37] 陈朝云：《黄河中下游地区金代砖室墓探论》，《郑州大学学报》（哲社版）1996年第1期。

[38] 长治市博物馆：《山西长治市魏村金代纪年彩绘砖雕墓》，《考古》2009年第1期；山西省文物考古研究所：《山西稷山金墓发掘简报》，《文物》1983年第1期。

[39] 运城行署文化局、绛县博物馆：《山西绛县下村发现一座砖雕墓》，《考古》1993年第7期；长治市博物馆、王进先、朱晓芳：《山西长治安昌金墓》，《文物》1990年第5期。

[40] 山西省考古研究所、山西省闻喜县博物馆：《山西省闻喜县金代砖雕、壁画墓》，《文物》1986年第12期；山西省考古研究所侯马工作站：《侯马大李金代纪年墓》，《文物季刊》1999年第3期；吕遵谔：《山西垣曲东埠村的金墓》，《考古通讯》1956年第1期；商彤流、郭海林：《山西沁县发现金代砖雕墓》，《文物》2000年第6期。

[41] 赵永军：《金代墓葬研究》，吉林大学2007级博士学位论文。

[42] 许若茜：《山西金墓分区分期研究》，中央民族大学2008级硕士学位论文。

[43] 长治市博物馆：《山西长子县小关村金代纪年壁画墓》，《文物》2008年第10期。

［44］ 商彤流等：《长治市北郊安昌村出土金代
墓葬》，《文物世界》2003 年第 1 期。

［45］ 杨柏公：《沁源县交口乡正中村金代砖室
壁画墓葬考察记录》，《沁源文物资料》
第 3 辑，1987 年 1 月。

［46］ 申云燕、齐瑜：《金代墓室壁画分区与内
容分类试探》，《山东大学学报》（哲社
版）1998 年第 2 期。

［47］ 吕遵谔：《山西垣曲东埔村的金墓》，《考
古通讯》1956 年第 1 期；张德光：《山西
绛县裴家堡古墓清理简报》，《考古通讯》
1955 年第 4 期。

［48］ 山西省考古研究所侯马工作站：《侯马
102 号金墓》，《文物季刊》1997 年第 4
期；山西省考古研究所侯马工作站：《侯
马两座金代纪年墓发掘报告》，《文物季
刊》1996 年第 3 期。

［49］ 山西省文管会侯马工作站：《侯马金代董
氏墓介绍》，《文物》1959 年第 6 期；山
西省考古研究所侯马工作站：《侯马 102
号金墓》，《文物季刊》1997 年第 4 期；
赵永军：《金代墓葬研究》，吉林大学
2007 级博士学位论文。

［50］ 卢青峰：《金代墓葬探究》，郑州大学
2004 级硕士学位论文。

响。

统治者推崇儒家忠孝思想，用以维护宗法等级制度。对应到丧葬中，躬行孝道的最佳方式即施行厚葬，受礼制禁锢，导致了孝行图的极度盛行，在晋东南墓葬中占据很大比重。

全真教兴起是孝悌题材盛行本区的另一个重要原因[46]。晋西南金墓中出土较多买地券[47]，其上常附道教制鬼符篆，是东汉中后期出现的一种道教文化特征鲜明的随葬物，从一个侧面反映了道教思想的盛行。

本区金墓不同程度地受到了主流教化思想的影响。有的曾出土带佛教术语"南赡部州"字样的买地券[48]；也有墓葬中砖雕八仙和手持念珠、经卷的墓主形象并存[49]。佛教、道教盛行，加上统治者对儒家伦理忠孝思想的宣扬，促成了儒、释、道三教合流的局面[50]。

关于"诸弟之乱"的几点思考

王加册

[1] 《契丹国志》卷23《并合部落》。
[2] 《汉高祖实录》卷266《后梁纪一·考异》。

"诸弟之乱"是耶律阿保机称帝建国前，契丹上层社会爆发的一次具有代表性的权力之争，对辽建国后的政治生态有着十分重要的影响。以往学界对"诸弟之乱"的论述颇多，但迫于史料内容不够翔实，对于"诸弟之乱"的一些问题难以达成统一的认识和结论。本文在现有研究基础上，梳理史料，对"诸弟之乱"中的几点问题进行重新认识。

一、 契丹早期汗位继承制度对"诸弟之乱"爆发的影响

契丹早期的汗位继承制度十分混乱，不仅受到了传统习俗的影响，还受到了个人权力的左右，这种混乱为"诸弟之乱"的爆发提供了合理的借口，因此不少学者认为"诸弟之乱"的爆发并非简单的作乱，并且这一行为存在着一定的合理性。

据《契丹国志》记载："初，契丹有八部，族之大者曰大贺氏。后分为八部，部之长号'大人'，而常推一人为王，建旗鼓，以统八部。每三年以次相代，或其有灾疾而畜牧衰，则八部聚议，以旗鼓立其次而代之。被代者以为元约如此，不敢争。"[1]五代时期后汉苏逢吉在《汉高祖实录》中也有类似记载："契丹本姓大贺氏，后分八族……八族之长，皆号大人，称刺史，常推一人为王，建旗鼓以尊之。每三年，第其名以相代……僖、昭之际，其王耶律阿保机怙强恃勇，距诸族不受代，自号天皇王。"[2]也就是说契丹可汗并非终身担任，也非父死子继，而是由契丹诸部族共同推举而出。陈述先生和姚从吾先生认为契丹建国以前实行世选制，诸弟与阿保机都有继任契丹可汗的权力，阿保机违背旧俗"不肯受代"就等同于剥夺了诸弟担任契丹部落可汗的权力，那么诸弟

30

［3］ 武玉环：《辽金社会与文化研究》，中国社会科学出版社， 2014年， 第5页
［4］ 《辽史》卷63《世表》。

理所应当地通过"叛乱"来诉诸自己的权利。武玉环先生认为在世选制度的同时，契丹可汗位还存在兄终弟及制度，即可汗都在同一家族内选出，新的可汗为前任可汗的弟弟[3]。按《辽史·世表》中记载："开元二年，尽忠从父弟失活率部落归唐""娑固，失活之弟，帝以娑固袭爵""郁于，娑固从父弟也，可突于推以为主，遣使谢罪，玄宗册立袭娑固位""咄于，郁于之弟，袭官爵""邵固，咄于之弟，国人共立之"[4]。尽忠、失活、娑固、郁于、咄于、邵固为大贺氏部落联盟中后期的六位可汗，他们虽然互为兄弟，但是此时正值夷离堇可突于专政擅权时期，可突于先后与娑固、咄于、邵固三位可汗发生军事冲突，直接结果造成了娑固、邵固两任可汗死于内乱，咄于被迫归降于唐。可突于还拥立郁于、屈列等人继任可汗之位，此时契丹部落联盟军事首长夷离堇的权力已经大大超过契丹可汗的权力，可以左右契丹可汗废立，"八部聚议"推举可汗的制度被破坏殆尽，而其他几位可汗乃至遥辇氏部落联盟的数位可汗又没有史料记载互为兄弟。至耶律阿保机称帝建国后，也仅有太宗耶律德光在述律后的支持下顶替阿保机长子耶律陪成为辽国皇帝和世宗与穆宗互为族兄弟两例，故而笔者认为契丹虽然存在兄终弟及的继承现象，但是是否存在兄终弟及的汗位继承制度尚不能加以定论。综上所述，我们可以看出契丹早期汗位继承制度具备如下两个特点：一是契丹可汗并非代代相传，而是由契丹诸部共同推举而出，具备汗位继承权的人数较多；二是强大军事实力可以左右契丹可汗的废立。

正因如此，"诸弟之乱"的爆发也就具备了一定的合理性，这种合理性源自于契丹早期汗位的继承制度，契丹可汗所在家族的成年男子均有继承可汗之位的权力，当阿保机接替痕得堇可汗之位后，诸弟作为迭剌部耶律氏家族的成年男子，同样也拥有合法继承可汗的权利，同时这种混乱的继承制度也对辽代初期的皇位继承制度产生了重要的影响。

二、 "诸弟之乱" 爆发的根源

"诸弟之乱" 爆发始于阿保机继任契丹可汗后第五年（911），平息于第八年（914）。按《辽史》中记载："五月，皇弟剌葛、迭剌、寅底石、安端谋反。安端妻粘睦姑知之，以告，得实。上不忍加诛，乃与弟登山刑牲，告天地为誓而赦其罪。出剌葛为迭剌部夷离堇，封粘睦姑为晋国夫人。"[5] "诸弟之乱" 的首次爆发因粘睦姑的告密而提前破产，阿保机为了安抚和满足诸弟对于权力的诉求，"登山刑牲" "告天地为誓而赦其罪"，并且 "出剌葛为迭剌部夷离堇"，通过任免官职的怀柔政策来满足诸弟对于权力的欲望。任爱君先生认为诸弟发动的叛乱止息于权力的再分配，大家族利益为上的传统观念已经让位于个体家庭观念，阿保机依靠迭剌部强大的势力将汗位从遥辇氏家族转移到耶律氏家族，那么诸弟也可通过手中的武装力量要挟阿保机从而获取更多的权力[6]。

"（六年）秋七月……命弟剌葛分兵攻平州……冬十月戊寅，剌葛破平州，还，复与迭剌、安端、寅底石等反……壬辰，还次北阿鲁山，闻诸弟以兵阻道，因军南趋十七泺。是日焚柴。翌日，次七渡河，诸弟各遣人谢罪。上由矜怜，许以自新。"[7]

按《辽史》中所载，剌葛以攻破平州胜利之师发动了第二次叛乱，此次叛乱不仅出现了 "以兵阻道" 的情况，同时还有宗室成员耶律辖底、耶律滑哥等人参与其中。"及自将伐西南诸部，辖底诱剌葛等乱，不从者杀之。"[8] "六年，滑哥预诸弟之乱。"[9] 阿保机的 "怀柔" 政策不仅没能取得应有的成效，并且还因为权力分配的不公而触动了其他宗室的利益。在此次叛乱中，阿保机不仅仅要面对刚刚凯旋而归的剌葛等人，同时还要承受来自于越耶律辖底和前于越耶律释鲁之子滑哥的压力。迫于三方压力，试图建立新的统治秩序的阿保机不得不选择依靠旧俗力量，通过 "是日焚柴" 的手段来明确自己作为契丹可汗的地位和合法性，让剌葛等人失去叛乱的理由。阿保机迫于诸弟、辖底、滑哥等人势力的强大，也便顺水推舟被迫再度给予了诸弟等人 "许以自新" 的机会。

[5] 《辽史》卷1《太祖纪上》。

[6] 任爱君：《契丹 "盐池宴" "诸弟之乱" 与夷离堇任期问题》，《史学集刊》2007年11月第6期。

[7] 《辽史》卷1《太祖纪上》。

[8] 《辽史》卷112《逆臣上·耶律辖底传》。

[9] 《辽史》卷112《逆臣上·耶律滑哥传》。

［10］《辽史》卷1《太祖纪上》。
［11］《辽史》卷1《太祖纪上》。
［12］《辽史》卷1《太祖纪上》。
［13］耿涛：《迭剌部权力斗争与耶律阿保机建国》，《中国边疆史地研究》2017年12月第27卷第4期。

"七年春正月……甲寅王师次赤水城，弟剌葛等乞降。上素服，乘赭白马，以将军耶律乐姑、辖剌仅以阿钵为御，解兵器、肃侍卫以受之，因加慰谕。剌葛等引退，上复数遣使抚慰。"[10]

结合上文史料记载，从"诸弟各遣人谢罪"来看，在第二次叛乱后耶律乐姑和辖剌作为诸弟的代表向阿保机投降，剌葛等人仅仅是退兵而去，阿保机甚至没有见到诸弟本人。诸弟既没能通过"叛乱"的手段获取到想要的权力，阿保机也没能彻底摆脱旧俗势力的影响，以致在"六年冬十月"至第三次"诸弟之乱"爆发前的这段时间内，阿保机与诸弟有很大可能在拥兵对峙。这也正如蔡美彪先生所认为传统的选汗形式虽然可以缓解一时的冲突，但是并不能彻底消灭来自旧贵族的反抗。

既然双方均没能通过两次叛乱得到满意的结果，在阿保机担任可汗的第七年（913），双方积攒下来的矛盾彻底爆发。"三月癸丑，次芦水，弟迭剌哥图为奚王，与安端拥千骑而至，绐称入觐……剌葛引其众至乙室堇淀，具天子旗鼓，将自立，皇太后阴遣人谕令避去……剌葛遣其党寅底石引兵径趋行宫，焚其辎重、庐帐，纵兵大杀。皇后急遣蜀古鲁救之，仅得天子旗鼓而已。其党神速姑复劫西楼，焚明王楼……"[11]此次叛乱参与势力更多，阿保机的母族势力也参与其中，并站在了诸弟的一方。最终，阿保机还是凭借多年积攒下来的势力平定了诸弟的叛乱，并一改往日的和善"怀柔"政策，"以养子涅里思附诸弟叛，以鬼箭射杀之""于越率懒之子化哥屡蓄奸谋，上每优容之，而反覆不悛，召父老群臣正其罪，并其子戮之""前于越赫底里子解里，剌葛妻辖剌已实预逆谋，命皆绞杀之""有司上诸帐族与谋逆者三百余人罪状，皆弃市"[12]。而发动叛乱的始作俑者剌葛等四人却成功得以宽恕。耿涛先生认为诸弟之所以能够顺利脱罪是源自于阿保机仍然受制于迭剌部本身的体现[13]。通过武装叛乱的较量，阿保机与迭剌部本身实力相当，双方不得不相互妥协，作为迭剌部代表的剌葛等人阿保机无法撼动，因此阿保机为了进一步剪除迭剌部的势力，便拿辖底、滑哥等人开刀，为称帝之路扫清障碍。

至此，笔者认为，"诸弟之乱"爆发的根源是契丹迭剌部内部权利分配不均，并且各方都掌握着一定的军事实力。由于契丹迭

[14]《辽史》卷1《太祖纪上》。

[15] 《辽史》 卷73《耶律曷鲁传》。

[16] 《辽史》 卷112 《逆臣上·耶律辖底传》。

刺部的一方独大，其他诸部已经不能对阿保机建立封建政权形成阻碍，那么唯一能够制约阿保机称帝的就是来自迭刺部内部的阻力。在这样的情况下，迭刺部内部势必会爆发一场争斗，这场争斗对于阿保机而言，是剪除守旧势力羽翼的好机会，而对于迭刺部守旧势力来说，就是能否继续把持契丹统治权的生死之战。

三、 阿保机分析迭刺部

"诸弟之乱"虽然被平息，但是契丹内部对抗阿保机的势力仍然没有被彻底清除，神册三年（918）"夏四月乙巳，皇弟迭烈哥谋叛，事觉，知有罪当诛，预为营圹，而诸戚请免。上素恶其弟寅底石妻涅里滚，乃曰：'涅里滚能代其死，则从。'涅里滚自缢圹中，并以奴女古、叛人曷鲁只生瘗其中。遂赦迭烈哥"。[14] 迭烈哥即阿保机之弟迭刺。从此叛乱中我们可以发现，"诸戚请免"而让"涅里滚能代其死"，说明登上皇帝位的阿保机在一定程度上仍然受到迭刺部旧势力的制约，但迭刺在谋叛之事被发觉后"知有罪当诛"，也体现出了阿保机在称帝后不断加强专制权力的作用。随着阿保机的势力不断增强，也为了避免类似的叛乱再度爆发，阿保机开始着手分析迭刺部的势力。

《辽史·耶律曷鲁传》记载："初，曷鲁病革，太祖临视，问所欲言。曷鲁曰：'陛下圣德宽仁，群生咸遂，帝业兴隆。臣既蒙宠遇。虽瞑目无憾。惟析迭刺部议未决，愿意亟行之。'"[15]《辽史·逆臣上》记载："太祖谓曰：'叔父罪当死，朕不敢赦。事有便国者，宜悉言之。'辖底曰：'迭刺部人众势强，故多为乱，宜分为二，以弱其势。'"[16] 按《辽史》中的记载，耶律曷鲁和耶律辖底都曾提出了要分析迭刺部的建议。曷鲁作为阿保机的心腹手足，为阿保机提出了要尽快分析迭刺部的建议并不意外，而耶律辖底作为阿保机的敌人提出分析迭刺部的建议，有学者则认为很可能是阿保机用来转移视线的借口。联系上文所述，"诸弟之乱"是耶律阿保机与迭刺部守旧势力的一场博弈，其最终结果是以阿

[17]《辽史》卷33《营卫志下》。

[18]《辽史》卷2《太祖纪下》。

[19]《辽史》卷46《百官志二》。

保机击败诸弟、辖底、滑哥等人而结束，但是迭剌部中守旧势力并没有因为"诸弟之乱"的失败而完全解体，诸弟也因此而成功"脱罪"，而辖底作为"诸弟之乱"中守旧贵族的代表之一，便是阿保机撬动旧贵族根基的钥匙。一来阿保机借辖底之口分析迭剌部，避免了与迭剌部本身的直接冲突；二来由旧势力的代表人物说出分析迭剌部则更加便于阿保机对迭剌部进行控制，将负面因素消除到最低。

"天赞元年，以强大难治，析五石烈为五院，六爪为六院，各置夷离堇。"[17]

"冬十月甲子，以萧霞的为北府宰相。分迭剌部为二院：斜涅赤为北院夷离堇，绾思为南院夷离堇。"[18]

至太祖天赞元年（922），筹备得当的阿保机将迭剌部一分为二，改编为五院部和六院部，也就是人们所熟知的南北二大王院，两院各设一名夷离堇掌管事务。《辽史·百官志》记载："五院部，有知五院部事，在朝曰北大王院；六院部，有知六院部事，在朝曰南大王院。"[19]太宗时期，将两部夷离堇改称为大王。但迭剌部一分为二后，两院大王仍然由出自五院部和六院部的族人担任，没能彻底摆脱家族关系的束缚。

综上所述，"诸弟之乱"是契丹新旧贵族之间为争夺权力的一场激烈博弈。这场博弈以阿保机违背旧俗为缘由，通过双方持续数年的军事实力较量，最终以阿保机完成分裂迭剌部势力而告终，为契丹族由部族联盟制度迈向封建专制制度提供了有利的推手，但也依然无法摆脱传统力量的影响和束缚，体现出了少数民族政权向封建国家转型的艰难。

辽金时期的十二生肖

王晓颖

[1] 汉籍全文检索系统。

[2] 关翔宇：《辽代墓志生肖纹饰研究》，内蒙古大学 2015 年硕士学位论文。

[3] 杨玥：《辽代墓志生肖图案的考古学观察》，《考古与文物》2015 年第 1 期。

[4] 关翔宇：《辽代墓志生肖纹饰研究》，内蒙古大学 2015 年硕士学位论文。

十二生肖又称十二时、十二辰、十二属相，通常与十天干组合来表示时间，是我国从古代流传至今的文化传统。对于十二生肖的起源，根据文献史料及考古资料的佐证，可以明确的是十二生肖起源于战国以前。最早有关其记载的文献是西周时期《毛诗·小雅》："吉日庚午，既差我马。兽之所同。"[1]考古实物则是湖北云梦睡虎地和甘肃天水放马滩秦墓出土的简书。十二生肖在我国源远流长，隋唐时期发展最盛，迄今出土了大量的十二生肖图案墓志和十二生肖俑。唐以后，十二生肖在盛行过的中原地区出现衰落趋势，但是在北方的辽金地区，重新焕发了生机。

笔者通过搜集史料，十二生肖在辽金时期的发展，主要体现在如下几个方面。

一、墓志（哀册）

到了辽代，生肖图案的墓志盖基本延续了隋唐以来的形态和风格，并有了进一步发展。辽时的生肖墓志较少出现写实动物类型，十二生肖纹饰雕刻的位置也不再是志石四周，而是在志盖四刹，在这两点上是有别于隋唐时期的。辽时的十二生肖墓志大多以人物带生肖（怀抱生肖和头顶生肖）为主，少量兽首人身（站姿），其中头顶生肖又有坐姿和站姿两种类型。

根据发掘报告及部分博物馆藏品可知，出土雕刻十二生肖形象墓志的墓葬主要集中在内蒙古、辽宁、北京、河北、山西等地。其中，人物怀抱生肖的类型集中分布于北京地区，如董匡信夫人王氏墓志、韩资道墓志。人物头顶生肖型（站姿）有辽庆陵出土的圣宗、兴宗、道宗、仁德皇后、钦哀皇后、仁懿皇后、宣懿皇

[5] 杨玥：《辽代墓志生肖图案的考古学观察》，《考古与文物》2015年第1期。

[6] 陶宗治、刘仲羽、赵欣：《河北宣化下八里辽金壁画墓》，《文物》1990年第10期。

[7] 刘海文、颜诚：《河北宣化下八里辽韩师训墓》，《文物》1992年第6期。

[8] 刘海文、李敬斋、颜诚：《河北宣化辽代壁画墓》，《文物》1995年第2期。

[9] 刘海文主编：《宣化下八里Ⅱ区辽墓壁画墓考古发掘报告》，文物出版社，2008年。

[10] 韩国祥：《朝阳西上台辽墓》，《文物》2000年第7期。

[11] 辽宁省文物考古研究所、朝阳县文物管理所：《辽宁朝阳木头城子辽代壁画墓》，《北方文物》1995年第2期。

[12] 黄秀纯、傅公钺：《辽韩佚墓发掘报告》，《考古学报》1984年第3期。

后的哀册。此外还有内蒙古的陈国公主墓志、刘祜墓志、萧阆墓志，辽宁的王悦墓志、赵匡禹墓志、耶律庆嗣墓志，山西许从赟夫妇墓志，北京贾师训墓志，河北宣化下八里张氏墓志等。

人物头顶生肖类型中坐姿的数量较站姿少，目前已发现的有内蒙古赤峰市大营子村出土的驸马赠卫国王沙姑墓志，十二生肖刻在墓志盖四刹上，人物头戴高冠，面向右侧，宽袍博袖，拱手持笏，跪坐地上，冠内露出生肖的头像。

兽首人身型在内蒙古赤峰市巴林右旗的辽义和仁寿皇太叔祖和宋魏国妃夫妻合葬墓中有出现，汉文墓志盖四刹阴刻人身兽首拟人化十二生肖立像[2]。此类型还有河北省兴隆县梓木林子辽墓墓志、北京马直温夫妻合葬墓墓志、丁文道墓志、韩佚夫人王氏墓志、李熙墓志、内蒙古耶律弘世墓志及辽博所藏耶律仁先墓志等。这一类墓志生肖形象大多宽袍长袖，拱手而立，手持笏板，面向右侧，神态安详，若文史状[3]。

写实动物型在隋唐时出现较多，辽时发现很少，主要有内蒙古赤峰市巴林左旗白银乌拉苏木白音罕山南麓的韩氏家族墓地[4]、耶律习涅墓志、耶律迪烈夫人萧乌鲁本墓志、耶律副署墓志等[5]。墓志盖都刻有十二生肖动物原型，顺时针排列。

二、壁画

十二生肖壁画在辽金时期的发展，相比隋唐时更加普遍。辽时的生肖壁画都是人物头顶生肖型，流行于辽代河北、辽宁、北京等地区。目前已发现的有河北宣化下八里辽金墓群出土的张恭诱壁画墓[6]、韩师训壁画墓[7]、张世古壁画墓[8]、下八里Ⅱ区1号墓、2号墓[9]、辽宁朝阳西上台辽墓[10]、朝阳木头城子辽代壁画墓[11]、北京辽代韩佚墓[12]。据资料显示，辽代生肖壁画分为两种类型：一种是十二生肖像在十二宫与二十八星宿图外围，如张恭诱壁画墓、张世古壁画墓。另外一种是无十二宫、二十八星宿搭配，而是配以云朵，如朝阳西上台辽墓、朝阳木头城子辽墓。

金代十二生肖壁画墓的发现集中在金代早期，这可能与辽代晚期的传承有些许关系，值得进一步探讨。但是金代十二生肖壁画墓是动物写实型，又有别于辽代。北京石景山八角村发现的金赵励墓[13]，在墓室内左右两拱与上下两枋间的 6 个横置长方形空格中绘制有 12 生肖动物图像。

三、 生肖俑

据考古资料显示，生肖俑在辽金的发展没有生肖墓志那么普遍。目前已知的是河北宣化下八里张匡正墓[14]，十二生肖俑位于墓室的天文图下，木雕成人形，顶冠竖带，双手持笏。

北京大兴的马直温夫妇合葬墓，生肖俑形象为文臣着大袖宽袍，袍至膝下，露出靴头，人物持笏拱于胸前，生肖动物位于人物高冠上[15]。这个时期的生肖俑与隋唐时期相比，形态发生了变化，由坐姿变为站立。

四、 十二生肖币

目前已发现的十二生肖币集中在辽代。辽代的十二生肖币大多一面铸人物，另一面铸十二生肖图案。1979 年，在内蒙古巴林左旗北部浩尔吐乡小城子辽代遗址中，出土一枚"十二生肖铁钱"，背轮廓略残。该钱正面铸四组人物。背面分两层，铸有十二生肖图像。靠近轮郭一周铸鼠、牛、虎、兔、龙、蛇、马、羊八属；靠近穿郭铸有猴、鸡、狗、猪四属[16]。1983 年在辽上京汉城遗址中，出土一枚与上述十二生肖钱类似的钱，其大小厚薄、正背纹饰都雷同，只是材质不同，前者是铁质，后者是铜质。

此外，还有民间收藏的十二生肖币，根据图案和制作特征，被收藏者或鉴定者认为其制作年代属辽。例如：海拉尔市文物管理所沙宝帅同志在民间收集到一枚十二生肖铁钱，据说是在海拉尔西山沙坑里捡到的。铁钱重 76.8 克，直径 5.92 厘米，郭厚

[13] 王清林、周宇：《石景山八角村金赵励墓墓志与壁画》，《北京文物与考古》第 5 辑。
[14] 河北省文物研究所、张家口文物管理处、宣化区文物管理处：《宣化辽代壁画墓群》，《文物春秋》1995 年第 2 期。
[15] 唐静：《考古材料中十二生肖形象的类型及演变》，吉林大学 2007 年硕士学位论文。
[16] 金永田：《辽朝有铁钱》，《内蒙古金融研究》2003 年第 1 期。

[17] 赵玉明：《辽代十二生肖铁钱》，《内蒙古文物考古》1998年第1期。
[18] 薛勇：《辽代十二生肖钱赏析》，《内蒙古金融研究》2003年第3期。
[19] 沙元章：《辽金铜镜》，黑龙江美术出版社，2007年，第206页。
[20] 沙元章：《辽金铜镜》，黑龙江美术出版社，2007年，第207页。
[21] 沙元章：《辽金铜镜》，黑龙江美术出版社，2007年，第208页。

0.62厘米，穿宽1.1厘米。正面穿上一人头戴似尖顶皮帽（与蒙古族等少数民族帽子形状相近），骑在一个动物上面。穿左、右、下各是三人一组的人物图案。背穿周围是猴、猪、狗、鸡，靠近外郭是牛、马、蛇、龙、兔、虎、鼠、羊的图案。地张上面有草叶纹饰。面背外郭均有卷云纹饰。钱风古拙粗犷，人物均圆脸、高鼻，具有少数民族韵味。钱身长满薄薄铁锈，保存完整无缺。只是在捡到后被摔成两半，断面处可见杂质和砂眼，显见冶铸技术较差[17]。

民间收集到的十二生肖铁钱还有一枚，据说是在内蒙古赤峰市红山区沙坑里捡到的。铁钱重42.5克。直径4.91厘米，郭厚0.3厘米，穿宽1.4厘米，外郭0.6厘米，内郭0.21厘米，正面穿上龙，穿右上蛇，右下马，穿下牛，穿左上兔，左下猴；外郭为一圈菱形花纹图案，菱形纹饰宽0.5厘米，用一0.1厘米的边圈将外郭纹饰与地张隔开；背面穿上虎，穿右羊，穿右下狗，穿下鸡，穿左上鼠，穿左下猪；背外郭为重轮纹，外轮宽0.4厘米，内轮宽0.1厘米。钱风古拙粗犷，十二个生肖动物排列有序，栩栩如生，清晰可辨[18]。

五、 铜镜

辽金时期以十二生肖为纹饰的铜镜主要产生于金代。从黑龙江哈尔滨市古玩市场所得的十二生肖镜，圆形圆纽，坡行内切纹缘，直径7.5厘米，边厚0.5厘米，重量85克，纽外交错环列十二个连圆圈带，内平雕十二生肖图像，其间空隙处祥云纹饰之[19]。从黑龙江阿城古玩市场所得的生肖镜，镜面纹饰主要以十二生肖为主，内切圆纽，外交错环列十二个连珠圆圈带。圆弧圈分为两层：第一层四个生肖，第二层八个生肖[20]。1991年潘家园古玩市场所出的一枚十二生肖铜镜，样式又有所不同，铜镜高窄圆内，纽外一周十二属相变体铭文：子、丑、寅、卯、辰、巳、午、未、申、酉、戌、亥。十二字外一周弦纹，弦纹外雕饰十二生肖图像[21]。

十二生肖到了辽金时期，已经经过一千多年的发展，沉淀了深厚的文化内涵。它不断渗入到社会生活的多个方面。辽金时期，十二生肖的发展能达到一个小顶峰，一方面说明了辽金与中原的文化交流与吸收，另一方面与自身的政治、文化、宗教发展也有些许关系。按照成书于金元时期的《大汉原陵秘藏经·明器神煞篇》所记载，从天子到亲王、公侯、卿相，墓中需放置十二天宫、十二元辰于十二方位上[22]。辽金时期后，十二生肖日渐衰落，不会大量地、完整地出现在考古材料中，载体形式亦不再多样化，这其中的原由也值得我们去思考、挖掘。

[22] 徐苹芳：《〈唐宋墓葬中的"明器神煞"与"墓仪"制度〉——读〈大汉原陵秘葬经〉札记》，《考古》1963 年第 2 期。

稚子童趣

——江官屯窑出土的玩具瓷

[1] 梁振晶、郭明、肖新春：《辽宁辽
阳江官屯窑址考古发掘获得重要成果》，
《中国文物报》2015年1月23日。

[2] 叶喆民：《中国陶瓷史》，三联书店，
2006年，第377页。

袁婧

陶瓷玩具在中国有着悠久的历史，早在仰韶文化遗址的儿童墓葬中，就出土有陶鸡、陶狗，后经考古学家、历史学家、民俗学家考证，这些小陶鸡、陶狗就是最早的儿童玩具，是儿童们生前喜爱的小动物。在甘肃、青海马家窑、马厂文化遗址和河姆渡文化遗址，出土有新石器时代各种动物的彩陶器物模型。到了汉代，早期青瓷中出现了瓷质的动物玩具。随后的唐宋之际则是中国古代陶瓷玩具发展的鼎盛时期。古代陶瓷玩具作为一个整体，具有民间玩具共有的鲜明特征，比如富有想象力、幽默感和生活气息等等，但又因时代、地域、用料、制作工艺和匠师门派的不同，从而呈现出不尽相同的个性特征，显示了不断发展变化着的传统艺术的多样性。

在辽阳的江官屯窑曾出土了一些辽金时期的陶瓷玩具，它们不仅品种丰富，形态各异，而且展现了一种独特的古朴、稚拙的艺术美。下面笔者将根据这些玩具实物，作一些初步的探索，以期为古代江官屯窑的深入研究贡献一些有益的资料。

江官屯窑址位于辽宁省辽阳市文圣区小屯镇江官屯村[1]，此地在辽代时属东京岩州，金代属石城县管辖。该窑址初建于辽代，金代达到全盛时期，元代时渐衰至废[2]，窑场的范围很大，主要是以江官屯为中心，周边的燕州城、英守堡、钓水楼也都有窑址存在，是一处烧造时间长、规模宏大的古代瓷器民窑遗址。

从辽太祖至世宗时期，辽国对最接近北方的定州进行了多次掠夺，使得大量中原制瓷工匠被迫迁徙辽国，参与到辽瓷生产中。江官屯窑业就是在这些迁移来的汉人协助下逐渐发展起来的。辽阳江官屯窑陶器和瓷器的制作基本承袭了唐代的陶瓷工艺，与北宋中原地区的陶瓷制作工艺属同一系统。但辽金两朝皆为游牧民族统治，因此其生产出来的瓷器在继承唐宋时期中原陶瓷的基础

上，又有着区别于其他朝代的独特美感，并以富有游牧民族特点的造型闻名于世。

江官屯窑作为辽金时期的大型窑址，是辽代在上京临潢府、中京大定府、东京辽阳府、南京析津府、西京大同府所设置的"五京七窑"之一[3]。江官屯窑址的产品是以白釉粗瓷为主，白釉黑花和黑瓷较少，偶尔也烧造一些三彩器和琉璃建筑构件。白瓷器型多为杯、碗、盘、碟、瓶、罐等。黑瓷的器型多为茶盏、罐、瓶以及小碗、小罐等小型器。纹饰为划花、刻花和铁锈花等。从烧造技术来看，该窑址的装烧用具除少量的精品用匣钵外，一般都不用匣钵，而是采用了各式大小、薄厚、方圆不同的耐火砖，以支、顶、挤、垫等方法，把烧制品装在窑炉里烧制[4]，这种技术也是江官屯窑址的特点之一。

江官屯窑出土的作品里，有一些小型人物和动物的玩具瓷，是辽金瓷器中十分有趣的一个部分。这些玩偶在江官屯村随处可见，前几年有报纸报道，记者初次见到此种瓷质玩偶，还以为是现代产物，可见其工艺十分先进。这种瓷质玩偶出产量大，应该为该窑口主要产品之一。但非江官屯窑所特有，如磁州窑、缸瓦窑等窑口也有此类产品，但都不如江官屯窑出产量大。从目前掌握的情况来看，沿窑场自东而西均有出土，以东部尺寸较大、釉水较为滋润为规律。这也符合辽金元三朝自东而西、自下而上的分布规律。近些年，在东北各地，如沈阳（辽金时期称为沈州，属辽阳管辖）辽金时期村落遗址[5]也有发现，因此推测此物应当为寻常百姓子弟的珍爱玩物。

辽阳江官屯窑的瓷质人物玩偶由模印成型，较同时期其他窑口体型略大，上化妆土，多呈黄白色，开脸浑朴，用点彩为饰。而动物玩偶的品种很多，主要有狗、牛、马、羊、骆驼、狮子、老虎、鹿等常见动物。以狗居多，小狗形态各异，或坐、或站、或卧、或吠，逼真有趣，白釉多以褐釉点彩为装饰，其余多为单色釉。还有瓷鹿，鹿音同"禄"，富贵之意，因其寓意吉祥而自古受到民间喜爱。江官屯窑出产的动物玩偶鹿有二角、四角及多角等形象，可见白釉、黑釉、酱釉等釉色，而以白釉点黑彩

[3]　"五京七窑"指的是上京临潢府（今内蒙古巴林左旗）的"上京窑""南山窑""白音戈勒窑"，中京大定府（今内蒙古宁城县）的"缸瓦窑"，东京辽阳府（今辽宁省辽阳市）的"江官屯窑"，南京析津府（今北京市）的"龙泉务窑"，西京大同府（今山西省大同市）的"青瓷窑"。参见崔潇允：《辽阳江官屯窑的调查与研究》，沈阳大学，2015年，第1页。

[4]　冯先铭：《中国陶瓷》，上海古籍出版社，1994年，第365页。

［5］ 北四台子遗址：2012年10月25日，沈阳市文物考古部门在沈阳皇姑区北部的方溪湖村和四台子村地区，新发现一处辽金时期遗址。因遗址地点位于北四台子村，因此被命名为北四台子遗址。300平方米的辽金时期村落遗址，考古部门共发掘出灰坑34个，窖穴3处，室外灶址1处，灰沟7条。在遗址中出土大量陶瓷片，此外还有保存较好的辽金时期白瓷碗、瓷灯、瓷罐、瓷马、陶盆、陶罐、布纹瓦、铜钱、铁器和骨器等。其中几具瓷马制品憨态可掬，惹人喜爱。考古工作人员认为，瓷马应为辽金时期的儿童玩具。

最多。造型卡通，憨态可掬，简洁古朴。其中有耳鬓厮磨的嬉戏状，也有大鹿背小鹿的母子形象，虽然造型质朴，装饰简单，但将动物之间纯洁的情感表达得淋漓尽致，可见当时的制作者对大自然及生活的热爱。瓷羊以白釉褐彩为多，体格纤细。瓷马也占了很大一部分，造型简洁粗犷却神情生动。这些动物玩偶或站或卧、或坐或走，或独自玩耍、或两两嬉戏，姿态万千，生动逼真，体现了契丹、女真人民作为马上民族亲近自然的生活习性。

此外，还有一种人物与动物结合的瓷塑玩具，比如"人马平安"，塑一小人骑在马上，寄托了人们祝福亲人出征平安归来的愿望；还有"马上封侯"，塑一猴子骑在马上，借"猴"与"侯"同音理念，寓意即刻就要封官加爵，反映了人们对美好生活的向往。

江官屯窑的此类动物玩偶造型相对较小，均为手捏成型，颈部多有捏痕。其釉水滋润，造型简洁，风格写意，独树一帜。釉水多不到足，足部裸露红色胎土，由此推断其施釉方式应为手拿足部，头部向下蘸取釉料。玩偶釉色多样，有化妆土施白釉、黑釉、酱釉、茶叶末釉、黑釉及窑变釉等，除施单色釉以外，白釉动物上多用黑釉或铁锈釉以点或线条表现五官和斑纹，寥寥数笔便生动有趣。江官屯窑产品中所有的釉色几乎都可以在玩偶中找到。

试想一下，这类小物可能是古代窑工们在紧张的劳作之余，凭借自己的经验和丰富的想象力，用废弃陶土随手捏制而成，在换取一定的经济收入的同时，也为自己的工作增添些许的乐趣。这些充满童趣的小玩意儿，因其体积小，用釉不多，晾干之后施以制作其他产品所剩余釉料烧制而成。这种生产方式可以物尽其用，节省原料，一方面利用了散碎时间，另一方面也增加了额外收入。也正因为如此，这些陶瓷玩具制作简便，往往不像其他生活瓷器那么精致，具有随意化的特点，纯朴、稚拙，其自然天成的美感反而构成了巧夺天工的艺术，并使很多玩具之作逐渐发展演变为民间瓷器甚至官窑瓷器的美术装饰热点。

这些陶瓷玩具是江官屯窑的代表性产品，造型夸张而不失个性特征，并且更加注重营造一种玩具特有的童趣，富有浓厚的民间艺术特点，寄托着制作匠人无限美好的精神世界。其中的动物玩具，也并不简单是"戏弄小儿之具"，从精神的层面上来说，人们相信某些动物在祈祝和镇邪方面起着重要的作用，能够促进生活美满。他们认为可以通过某些相似形的概念模型，将这些"吉物"的灵性落实到自己的精神之中，表达了人们对趋利避害本能的选择。这些深厚的内涵来源于日常生活，来源于时代文化的信仰、风俗与传说，展现出北方劳动人民朴实、动人又热烈、蓬勃的生命力。

除了陶瓷玩偶，江官屯窑址还出土了一些带有口哨功能的瓷埙。

埙，是中国最具特色的传统乐器之一。一些研究者认为，埙始于原始人的狩猎实践，是由一种可发出哨音的球形飞弹（石流星）演变而来的。因为它能发出尖锐的哨笛声，最初可能是原始人狩猎时唤引猎物所用，以后才演变为吹奏乐器。相传"伏羲造埙"，晋代王嘉《拾遗记》卷一中说："庖牺丝桑为瑟，均土为埙，礼乐于是兴矣。"[6]《诗经》中亦有"伯乐吹埙，仲氏吹篪"[7]之句。

埙最初用石头和骨头制作的，后来发展成为陶和瓷制的，有扁圆形、椭圆形、球形、鱼形和梨形等多种，其中以梨形最为普遍。埙上端有吹口，底部呈平面，侧壁开有音孔。最早的埙只有一个音孔，后来逐渐发展为多孔。在商代以后的一千多年中，埙成为我国古代"金、石、土、木、丝、革、匏、竹"的"八音"中"土"的代表性乐器。但隋唐以后，由于其他乐器（如丝弦）以及外来乐器的高速发展，雅乐衰微，由于埙的音量较小等种种原因，埙的使用越来越不被人们所重视，史书上的记载也越来越少，埙这一主要用于雅乐的乐器渐渐退出了历史舞台，并衰退至成为民间的玩具。其形制也已向人面或动物头形转变，在民间成为一种普及的儿童乐器。

辽阳江官屯窑出土的瓷埙产量很多，因多为三孔，亦被称为三孔笛，也有专家称其为"兽头口笛"。江官屯窑将瓷埙做成动物头形，如兔头形、牛头形、猪头形等，均模范成型，体积小巧。釉色有仅施化妆土的，也有白釉、黑釉、酱釉及茶叶末釉等。这

[6]（晋）王嘉：《拾遗记》卷 1，中华书局，1981 年，第 1 页。

[7]《诗经·小雅·何人斯》，上海古籍出版社，1987 年，第 97 页。

[8] 公元前 700 多年前的春秋，埙已有六个音孔，能吹出完整的五声音阶和七声音阶了。参见杨熙宇：《十一孔陶埙的发展和吹奏探析》，《云南社会主义学院学报》2016 年第 3 期。

些动物头形状的瓷埙样子生动有趣，惟妙惟肖，三孔中的两只出气孔正好设计成动物的两只眼睛，而吹气孔留在脑后，成功地将陶瓷工艺、造型和声学原理进行了完美结合，吹起来声情并茂，情趣盎然，因此备受孩子们的青睐。

在江官屯窑的时代，埙早已是六个音孔，能吹五声音阶和七声音阶了[8]，但为什么这里的埙多是三个音孔的呢？因为有六个音孔的是专业的埙，是用于吹奏的乐器。而三个音孔的是业余的埙，是游牧民族少年们手中能吹响的玩具。江官屯窑的埙可以为我们提供这样一个画面：茫茫草原，牛羊悠然，牧羊的少年口吹最为时尚的三孔兽首埙，"呜呜"的声音掠过草尖，招呼着他们的牛羊，放飞着他们的梦想。

自陶瓷玩具产生以来，一直与农业社会的基本形态保持着密切的联系。江官屯窑所生产的陶瓷玩具，从目前存世的品种、数量和美学程度来看，具有鲜明的民间工艺美术瓷的特征。它作为民间手工艺的产物，一直保持着民族的、传统的艺术风格，准确地揭示了辽金时期陶瓷玩具的造型美、釉色美以及意境美。这些生动而迷人的陶瓷玩具凝结着窑工们的聪明智慧和创造力，凝聚了地域文化深厚的内涵，展现出辽金时期辽阳地区的历史文化风貌，对研究辽金时期陶瓷生产工艺、特点以及当时的生产生活方面都具有重要的意义。江官屯窑的兴盛固然与唐宋陶瓷工艺的传承是分不开的，但此时游牧民族的创新精神和民族文化特点的浸润，也让江官屯窑的陶瓷玩具大放异彩，成为了传统民间玩具中独具特色的一部分。

金代铜镜文化浅析

——以北京辽金城垣博物馆馆藏铜镜为例

王莹莹

[1] 郭沫若：《三门峡出土铜镜二三事》，《文物》1959 年第 1 期。

"古人以水为鉴，即以盆盛水而照容。此种水盆即为监，以铜为之则作鉴。普通人以陶器盛水，贵族用铜器盛水，铜器打磨得很洁净，既无水也可以鉴容，故进一步，即有铜盆扁平化而成镜。"[1] 铜镜一般分形制、镜面、镜背、纽、纽座、内区、中区、外区、边缘、圈带、铭带、镜铭、主题纹饰等十几个部分。形制：即镜的外形，如圆形、方形、菱花形、葵花形和有柄形等。镜面：指镜的正面，光亮可以照容。镜背：指镜的背面，精华之所在，通常都铸有纹饰，也有素面镜。镜纽：常见有弓形（桥形）、乳状、弦纹、圆形和兽形等。在镜背中央，可系带，用手持或系于镜台。纽座：在纽的周围，紧连纽的装饰部分，有素圆纽座、花瓣纽座、连珠纽座等。内区、中区、外区：指镜背装饰图案的各部分区，靠近纽的部分为内区，向外为中区或外区。也有的铜镜不分区。边缘：镜背的最边缘。圈带：指接近镜缘的纹饰，因为着眼点不同，有的称镜缘纹饰，也有称圈带。铭带：指铸有铭文的部分。镜铭：指镜背所铸文字。主题纹饰：即镜背的主要纹饰，一般以内区图案为主题纹饰。

铜镜在我国的历史可谓源远流长，学界对铜镜的共识定论为：齐家文化及夏商周乃形成时期，春秋战国乃初步发展流行时期，两汉为繁荣时期（西汉铜镜开始慢慢走向民间），三国魏晋南北朝为中衰时期，隋唐为鼎盛时期，五代、宋元日趋衰落，到明清时期，随着近代玻璃的诞生，铜镜逐渐淡出历史舞台，直至消亡。可见对于金代，一个女真族建立的王朝制造使用的铜镜及其文化似乎无足挂齿，但近年来随着文献资料的编辑整理和考古工作的不断发现，金代铜镜的地位也开始上升。

北京辽金城垣博物馆是以金中都南城垣水关遗址和历史陈列相结合的专业性博物馆。本馆现有五面金代铜镜。来源有二：一

图1　人物故事镜

图2　万字花纹铜镜

是征集，二是捐赠。五面铜镜中一面破损严重，其他四面均具有金朝铜镜基本特色，分别为人物故事镜、仿汉镜、万字牡丹纹铜镜、双鱼铜镜等。现对其中保存完好的几面铜镜略作梳理。

1. 人物故事镜（图1）。直径15.5厘米，征集于黑龙江阿城。宽沿，小纽，纽的四周铸有人物、仙鹤等图案。此纹饰在构图上注重环境刻画，布局均衡，纽的左侧有一仙人立于树下，头上方饰有圆光，裙带飘拂，面容已磨损无法辨识，但从仪态可推测其安详宁静之容貌，从镜背左方中下部开始，沿边缘一直到镜背上方有一棵参天古树。镜背右侧有另一位仙童从远方飘然而至，脚踩祥云，头带圆光，衣袂飘拂，动感十足，向左侧仙人做拜寿状，整个画面鲜活生动。右下方有一仙鹤回首垂尾，自在悠然。纹饰虽表现的是令人神往的神仙世界，却也不失隐居山林的淡然自得，从侧面可见当时社会的宗教信仰以及追求祥和平静生活的美好愿望。

人物故事镜主要分两种：其一为吉祥寓意图案的，主要有童子镜、天王降妖镜、仙人镜。其二为故事情节的，柳毅传书、许由巢父、文人泛舟等。此类型也是金代铜镜中的大项。题材丰富，表现手法多样，涵盖仙佛人物故事、婴戏故事、历史人物故事、秘镜即春宫镜等等。鲜活的故事情节留存下了古代劳动人民的智慧和才情，与当时的政治、经济、文化、民风民俗都密切相关，每一面实物铜镜都是对金代历史文化最好的印证，让现代人一窥那时人们的精神世界和经济技术水平。

2. 万字花纹铜镜（图2）。直径11.5厘米，此镜圆形，圆纽。最外圈分铸四个万字纹，中间铸三道旋纹，中间饰以菊花纹，铜镜外沿刻有"上京宜春县造"字样，制作工艺精良，唇沿规整清楚，押款清晰。此款铜镜带有边刻，这也正是金代铜镜独一无二的特征。

根据学者研究，基本认定"边刻"大约始于大定年间，结束于泰和年间，历时30年。在金代，这一时期正是铜禁时期。据《金史》记载："权袱肃宗神主于世祖室，奉始祖以下神主于随室，祭器以瓦代铜。"金代铜匮乏可见一斑，连皇宫中祭祀祖先的祭器也不得不以陶代之。因此对铜镜铸造的严格把控程度也可见一二。《金史》载："（大定）十一年（1171）二月，禁私铸铜

[2] 史策：《金代铜镜纹饰研究》，哈尔滨师范大学，2017年，第17页。

镜。旧有铜镜悉送官，给其直（值）之半。"但是在民间却是有禁不止。《金史》载："（大定十一年）十一月，上谕宰臣曰：'国家铜禁久矣，尚闻民私造腰带及镜，托为旧物，公然市之，宜加禁约。'"《金史·食货志三》卷四十八载，大定初年，朝廷颁布高价收购民间铜镜的规定，致使民间"毁钱铸镜"之风，以从中牟取暴利，严重扰乱金代市场秩序，也正是为防民间私自铸镜，政府便采取措施规定铜镜必须经过管理机构检查和登记，并在铜镜边缘刻上县地官匠文字铭和押记，方可出售使用。由此也可推断，其一，铜资源匮乏；其二，当时金代社会生活文化需求与经济紧张的关系。

同时根据史料可得知边刻所指地点。从事检验铜镜的官署在诸京（金代实行五京制，即上京会宁府、东京辽阳府、北京大定府、西京大同府、中都大兴府、南京开封府）为警巡院，在诸府、节镇州为录事司，在防御刺史州为司候司。其中带有"上京"刻款的应是1173年以后，《金史》中："海陵贞元元年迁都于燕，削上京之号，止称为会宁府……大定十三年七月，复为上京。"带有上京字的款文有："上京警巡院（上京巡院）""上京会宁县""上京宜春""上京曲江"等[2]。《金史·地理志》载："会宁府下。县三：会宁、曲江、宜春。"

金代缺铜的现实情况造就了它自身的特点，大多数金镜铜质泛黄，铜镜合金成分发生了重大变化，古铜镜成分除铜、锡、铅、锌外，其他元素含量较低。锡能使合金致白、致坚、耐腐蚀并易于磨拭，但高锡青铜质地清脆易摔破，加铅后可减少脆性。但若铅多硬度下降，易留下道痕，镜面发黑，青铜体积收缩过大，不易铸造精致镜背图纹等。因此至宋金时节，战火纷繁，瓷器发展，铜资源匮乏，人们对铜镜更注重经济实用，制作方便。因此含锡量较低，含铅、锌量较高，镜面泛黄，强度较大，不易摔碎。可见除却文化因素外，研究铜镜合金成分也可一窥其背后蕴藏的时代背景和技术水平。

3. 双鱼铜镜（图3）。直径19.5厘米，圆形大纽，边缘厚。以镜纽为中心上下各装饰一条鲤鱼纹饰。图案刻画细腻，栩栩如

［3］ 郭淑云：《满族萨满英雄史诗〈乌布
西奔妈妈〉初探》，《黑龙江民族丛
刊》 2001 年第 1 期。

图 3　双鱼铜镜

生，双鱼头及口唇结构清晰，两条翻滚的双鱼占满了整个镜背并激起水波浪花，鱼鳞饱满，鱼身浑圆，铜质优良，铸造工艺精湛，装饰纹样生动。双鱼的画面设计，不但含有富足完美、团圆吉祥的美好寓意，还使画面饱满匀称。

金代鱼纹镜是金代铜镜的重要组成部分，具有"多"和"大"两大特点，数量达几百面，最大的双鱼铜镜莫过于直径 43 公分、重 12.4 千克的"圆形铜镜大王"，其纹饰即为双鲤鱼纹饰。《金史》载："平居则以佃渔射猎习为劳事。"可见女真民族"游猎为生"的民族特点，鲤鱼是松花江流域数量最多的一种鱼类，但"鱼"对于女真人来说绝不仅限于饱腹，它是物质生活的食物，更是精神世界的寄托物。无论是陶器还是石器上绘制的各类鱼纹，都是对古代先民原始文化基因的一种延续。金代鱼纹铜镜也是其民族性和时代性的一种载体，"《乌布西奔妈妈》是满族先民东海女真人创作并传承下来的一部萨满英雄史诗"[3]，里面记载了女真人捕鱼之前要进行鱼祭盛典，他们会用柳条编成的跳跃形、追逐咬尾形等鱼形偶像祭祀神人，会用大黄米做成鱼形作为祭神的糕点，鱼成为他们沟通神灵的中介，祈求丰收的精神寄托，印证了女真人崇拜自然、敬畏自然的万物有灵的宗教观念，它明显区别于汉人农耕思想文化模式所产生的创作思想。

《大金国志·婚姻》中记载金代仍存在的婚姻陋习："父死则妻其母，兄死则妻其嫂，叔伯死则往亦如之。"这种愚昧落后的婚姻观念严重影响了种族繁衍、民族和国家的兴旺。因此雌雄相随、和谐相处的双鱼形象也是对改革创新婚姻观念的印证。

也有学者提出鱼纹是当时人们想借用鲤鱼跳龙门来表达升官登仕的美好愿望。据《金史》记载："天辅二年，金太祖下诏曰：国书诏令，宜选善属文者为之。其令所在访求博学雄才之士，敦遣赴阙。"可见统治阶级为了巩固政权，重视和加强教育和科举。"金设科皆因辽、宋制"，"禁放良人不得应诸科举，子孙不在禁限"，金人的尚文重科举可见一斑，鲤鱼跳龙门的美好愿望就反映在生活用品铜镜之上。

同时"鱼"与"余"同音，寄托了女真人对安定和谐、物资充足"年年有余"的美好愿望，也可侧面反映当时复杂的社会心理因素，战乱频繁、激烈变革等都超出了人们的心理承受能力，

[4] 汤明霞、张爱娟：《铜镜文化与铸造艺术探讨》，《铸造技术》2018年第6期。

在宗教信仰上都投入佛、道之中，在艺术上，逍遥的游鱼首先进入心扉。也有另外一种说法，即借鱼腹多子、繁荣旺盛的特性来表达"多子多孙"的美好寓意。

综上所述，可见铜镜除了使用功能外，镜背的纹饰图案、铭文押记更是时代的烙印，极具文化和艺术价值，反映了当时社会政治经济生活及文化水平。可见其文化内涵远超其实用价值及审美意义，是研究古代民俗的重要史料。铜镜从原材料的开采到制作，其中涉及的金属冶炼技术和雕刻绘画艺术，都反映出其背后的铸造业及美术发展等，铜镜铸造技术主要分为制模、制范、浇铸及打磨4个部分，铜合金各类材料的配比也都大有讲究，这些都与当时的铸造工艺息息相关。可见"铜镜文化的探索和研究从考古学方面史证了不同历史阶段的金属冶炼水平与铸造技术，在民俗学、美术学方面传递了我国古代人民的经济文化生活和艺术修养水平"[4]。

金代铜镜在铜镜的研究史上一直未曾引起重视，常被冠以"因循模仿，形制粗陋，无特色可言"，此文所述并无创新之处，也是借本馆所藏金镜吸纳前辈们的研究再次重点整合金镜主要特征，以窥金镜独有的金代铜镜文化，重视其自身独特的价值。纵观金镜全貌，确是良莠不齐，但其形制与纹饰所蕴含的丰富社会内容又不能不给予肯定。正如学者总结如下：金镜在继承传统因素的过程中，逐步形成自己的特色，将题材推向反映现实为主，在构图上，展现绘画艺术，在塑造各类因素时强调写实，成功摆脱了神秘虚幻、威严繁缛的传统，呈现一种接地气的表现手法。

虽然本馆所藏并不是精品，但是也在形制、纹饰、边刻等各个方面体现着金代铜镜所拥有的独特气质。因此笔者认为在历史的长河中或许它无法与鼎盛者媲美抗衡，但对于自身的王朝和年代无不照映那时的政治、经济、文化和民生。历史不只是高大上、富丽堂皇、统治阶级的历史，更是方方面面、点点滴滴汇聚的历史，作为日用品的金代铜镜就是印证金代历史中的那一些点和滴。

后

记

　　"辽金两代均实行五京制，五京既是帝国统治不同地域和民族的重要举措，也是各民族文化汇聚的融合之地。公元 928 年，辽太宗改辽阳为南京，作为辽国的陪都，当时的南京城周三十里，设有南北两市，每天客商云集，市声鼎沸。公元 1116 年，金人攻克辽阳，承袭辽制，改辽阳为东京，仍作为国之陪都，此时的东京不仅延续了辽时的繁华，又因贞懿皇后和金世宗的缘故而获得了更加尊贵荣耀的地位。

　　东京地区出土的辽金文物，种类丰富，风格多样。无论是鸡冠壶、三彩盘等独具特色的生活用瓷，还是花纹精美的铜镜、造型生动的茵镇，抑或是可爱有趣的江官屯玩具瓷等等，都各自从政治、经济、文化、生活、宗教、民俗等方面展现出千余年前北方契丹、女真的民俗文化与地域风采，展现了作为辽金五京之一的东京在当时东北地区政治、经济、文化以及军事上的重要地位。为了让更多人能够目睹东京独具风韵的辽金文物，了解那份曾经的辉煌，追逐契丹、女真纵横驰骋的英姿，唤醒沉睡千年的文化积淀，便有了此次"铁凤风鸣——辽金东京地区文物展"的产生。

　　此次"铁凤风鸣——辽金东京地区文物展"以精美的器物，全新的视角，将东京地区出土的辽金文物呈献给京城的观众。展览按照不同的器类分为六个单元，共展出文物 153 件套，旨在能够让观众更广泛地了解辽、金两代的历史，领略北方民族与中原文化交流、融合、共同发展的辉煌盛景。

　　这本图册分为两部分内容，第一部分为器物图片，形象直观地展示了东京地区辽金两朝的历史与文化风貌，第二部分为论述篇，通过相关学术文章对多元一体、独具风韵的辽金文化进行了论述。本书的出版使得"铁凤风鸣——辽金东京地区文物展"得以延续，也是对展览历程的回顾和总结。我们期望能够通过这种形式将短暂的展览凝固成历史，将北方民族独有的文化特色展现给更多的首都观众。

　　"铁凤风鸣——辽金东京地区文物展"能够顺利举办与很多人的辛苦努力是分不开的，为此我们要特别感谢北京市文物局、沈阳故宫博物院、沈阳市文物考古研究所以及辽阳博物馆对本次展览的大力支持，感谢你们的无私帮助，与我们一起生动再现了辽

金时期东京地区人文历史的卓然风采。感谢北京辽金城垣博物馆
的全体工作人员为此次展览所做的大量工作。最后，我们也要感
谢为出版图册付出辛苦努力的北京联合出版公司的工作人员。

北京辽金城垣博物馆副馆长　杨世敏